LAS TINIEBLAS DE TU INTERIOR

EL CAMINO HACIA TU *FELICIDAD*

LAS TINIEBLAS DE TU INTERIOR

EL CAMINO HACIA TU *FELICIDAD*

DOLORES MARÍN GÓMEZ

Título: *Las tinieblas de tu interior*
© 2019, Dolores Marín

Autoedición y Diseño: 2019, Dolores Marín

Primera edición: noviembre de 2019
ISBN-13: 978-84-18213-11-3
Depósito legal: TF 1019-2019

PRÓLOGO

Tú no estás destinado, estás programado, pero si cambias tu programación, cambias completamente tu destino.

Esto que te acabo de decir contiene la llave de todo la enseñanza mística de los grandes maestros del pasado. Si la comprendes y la aplicas, verás grandes milagros aparecer en tu vida.

Estoy seguro que si estás en estas páginas, eres un buscador, y quien busca y no se detiene, termina por encontrar. La verdad nos hace libres decía Jesús de Nazaret, y yo espero que en estas páginas que te dispones a leer la puedas vislumbrar.

Nada llega a nuestras vidas por casualidad, sino por causalidad, por sincronicidad, por principio de causa y efecto. Las cosas llegan por PROPÓSITO, por una razón, y es para seguir con tu evolución.

Si tienes este libro en tus manos, tampoco es casualidad, y contiene información importante para ti. Aprovéchala.

Gracias Dolores por escribirlo y tú, amado lector, por leerlo. Lain, autor de la Saga LA VOZ DE TU ALMA. www.lavozdetualma.com

ÍNDICE

OPINIONES DE LOS LECTORES

Es un libro que invita a adentrarse en la escucha de nuestra parte más interna, apartando la mente de esa negatividad a la que nos lleva demasiadas veces. Podrás así encontrar sensaciones más profundas gracias a las herramientas que nos da. Gracias, Dolores.

Lourdes Caballero, autora de *La Llave de Tu Tesoro*.

Gracias, Loli, por tu mensaje tan claro y sencillo. La mente nos juega malas pasadas. El paso del tiempo y la manera en la que nos criaron nos hacen comportarnos de una determinada manera, pero en realidad son solo creencias albergadas en nuestra mente. Gracias por hacernos despertar y ver que podemos cambiar esa programación.

María Torres Moros, empresaria y Escritora.

Dolores Marín explica con sencillez principios metafísicos muy importantes para cambiar creencias. Asimismo, nos relata la importancia de las palabras en la labor de ir haciendo el presente que vivimos. Esto nos ayuda a una fácil compresión del funcionamiento de nuestra mente y de su implicación en la creación de nuestro presente.

Auxi Valadez Clavijo, autora de la trilogía *Lo que la piel esconde*.

Me ha sorprendido gratamente esta faceta de escritora que desconocía. Describe claro y sencillo el paso que a través de su experiencia ha podido trasmitir en este libro. Felicidades Loli.

Anónimo

El poder de las palabas, *El miedo es mal consejero*. Hazlo, toma acción porque puedes afrontarlo. Son tres frases que relata en su libro que me hicieron trasportar a mi vida pasada.

Las palabras en positivo convierten los pensamientos en una fuerza constante a través de la acción.

La constancia y voluntad que trasmite en sus relatos hace que no caigas en el desaliento. Te mantiene firme en el "SÍ PUEDO".

María Pinach Vila,
autora de *La Magia de ser Mujer*.

Dolores te enseña de una forma muy especial a saber cuál es el origen de todos nuestros problemas. Con ella encontrarás tu propia esencia y descubrirás como sanar tu interior. Muchísimas gracias por este libro. Te amo.

María José Martínez,
autora de la trilogía *"No te aferres a la vida ¡VÍVELA!"*

Para ti

Por decidir vivir

Tu propia vida

Querido lector, ante todo darte las GRACIAS por tener este libro en tus manos y darme la oportunidad de este gran proyecto que hoy está siendo una realidad.

Siempre me gustó escribir y que hoy esté escribiendo este libro es para mí un sueño realizado.

Siempre me gustó la escritura y plasmar en unas hojas de papel todo lo que me iba sucediendo, pero siempre desde mi interior.

¡Hoy, por fin, tengo este proyecto y espero que lo disfrutes!

INTRODUCCIÓN

El libro que ahora mismo tienes en tus manos es un fiel reflejo de mi vida, de cómo he ido superando los obstáculos.

Ha sido algo necesario. He tenido que escribirlo y plasmarlo en papel porque quería ayudarte. Necesitabas de estas palabras para tus propios objetivos. Es posible que estos sean los mismos que siempre hayamos querido compartir; esa mirada, que quiere superar ese horizonte desdibujado que se ve al fondo de las cosas difíciles de creer o de conseguir.

Pero quería asegurarme de que sepas, y tengas confianza, en que con un poquito de esfuerzo se superan todos los obstáculos y puedes conseguir lo que siempre quisiste ser: "**tú misma**".

Tienes muchas tinieblas en tu cabeza que no te deja ver con claridad. Ya no te reconoces la niña que fuiste.

Seguiste un patrón que anteriormente habían hecho tus padres, abuelos y ancestros, pero te das cuenta de que no es la vida que tú quieres vivir. Pero no sabes parar, estás condicionada por tu familia, la sociedad y el "qué dirán" y no te estás dando cuenta de que estás entrando en esa tiniebla mental que llegaría a ser una tormenta. Y te preguntas… ¿quién soy yo?

¿Qué debo de hacer para vivir la vida que quiero?

¿Te dejaste aconsejar por las personas de tu entorno?

¿Tuviste miedo a decir lo que realmente te dictaba tu corazón?

¿Has pensado alguna vez, si sigues así, qué te pasaría?

En este libro encontrarás todas las respuestas a cada una de tus preguntas, volverás a **encontrarte** para volver a **renacer** siendo una persona nueva y poder **descubrir** todo lo que el destino tiene preparado para **TI.**

Te invito a que lo leas hasta el final.

Te mostraré el camino a seguir y te guiaré a salir de las tinieblas que estás teniendo, volverás a tener tu propia personalidad y verás realizado tu éxito tanto personal como profesional y ver la luz porque...

¿sabes una cosa?

YO pasé por lo mismo que **TÚ** y si aplicas todo lo que aquí te enseño vas a triunfar y brillarás, porque **SÍ SE PUEDE.**

¿POR QUÉ DEBERÍA LEER ESTE LIBRO?

Primero de todo porque mereces ser feliz, vivir tu propia vida y que nada ni nadie te impida **ser TÚ**. No perder esa esencia porque **TÚ** eres la estrella y brillas con luz propia.

¿Te has imaginado alguna vez que si logras lo que te propones, cómo sería tu vida?

La vida te pondrá obstáculos

Pero los límites

Los pones TÚ www.Latravelista.com

QUIÉN SOY YO

Mi nombre es DOLORES MARÍN GÓMEZ. Nací en el mes de julio de 1960 en Barcelona, pero mi niñez, infancia y juventud las pasé en GAVÀ (un pueblo cercano de la provincia de Barcelona) donde mis padres emigraron para poder tener una vida mejor. Soy la mayor de dos hermanas.

Era una niña tímida con miedos, prejuicios, inseguridades y muchos complejos. Vivía actuando hacia los demás, con la autoestima muy baja y no siendo yo misma, negocios que no salieron bien y un matrimonio fracasado.

Ahora soy una persona segura, fuerte y equilibrada. Disfruto de una vida libre. Vivo cerca del mar, donde siempre quise vivir.

Soy una mujer emprendedora con varios negocios y todo esto de cómo yo lo conseguí te lo voy a enseñar a TI.

IDEA DE ESCRIBIR

Te contaré cómo surgió la idea de llevar a cabo algo que siempre quise: escribir un libro.

Hace un tiempo atrás, llegó a mí unos de esos videos que te llegan por internet de un chico llamado **Lain García Calvo** donde hablaba de un libro que había escrito llamado, *LA VOZ DE TU ALMA* donde decía, que aplicando los principios universales había superado ciertos desafíos que paso por su vida, había ganado varios premios incluso supero una enfermedad.

Yo siempre fui una apasionada del crecimiento personal y la ley de la atracción. Ya había leído varios libros, pero me llamó mucho la curiosidad de lo que él contaba, así que me compré el libro.

Tengo que decirte que lo tuve que leer varias veces para poder entenderlo porque hablaba de metafísica, física cuántica y espiritualidad.

Pero fui aplicando todo lo que decía y cada vez estaba más emocionada e ilusionada de todo lo que estaba leyendo y viendo los resultados.

Hablaba de un evento muy trasformador que hacía un tiempo venía realizando, pero yo dudaba todavía en ir o no, y seguía viendo esos videos, pero llegaban a mí esos pensamientos que me decían "tienes que ir" y descubrir si realmente era cierto lo que decía.

Así que compré mi entrada. Ya tenía fecha para ir, pero unos días antes de la fecha del evento tuve un contratiempo que me hizo anular la entrada. Tuve la pérdida de mi padre. Fue algo inesperado que aún hoy, después de unos meses, no está superado. Es algo muy duro y tú, querido lect@r, si has pasado por algo parecido lo sabrás.

Seguía pensando en el evento, pero no me sentía bien. Estaba decaída, frustrada y pensando que el destino no quería que fuera. Lo estaba tomando como una lección.

Veía videos de relajación. Quería sentirme bien, pero no lo conseguía. Estaba metida en una nube que no veía nada y menos comprendía. ¿Por qué me hizo el destino esto?

Pero llegó el día que tomé acción y seis meses después me propuse ir, pero seguía con mis desafíos que me iban llegando, que no eran pocos.

El evento se llama ¡**VUÉLVETE IMPARABLE**!, pero ya no dudaba. Tenía que ver lo que ahí pasaba. Yo quería volver a ser imparable como siempre había sido.

Fue en junio de 2019 cuando asistí. Lo que allí viví nada más entrar no puedo expresarlo con palabras: 1.400 personas con las mismas inquietudes que tú, vibrando lo mismo que tú.

LAIN supo llevarme al punto de mi dolor y poder sanarlo, fue una trasformación increíble. Reí, lloré como nunca antes lo había hecho, perdoné, me perdoné yo, llegué a ver mi alma desde mi interior… Incluso me vi en mi lecho de muerte.

Pude quitarme esos miedos cuando tuve que pasar por unas brasas a 500 °C con los pies descalzos y saber que cuando tomas Acción, el poder está en TI y decir ¡YO puedo!

Por todo esto que sentí, por creer en mí y darme la oportunidad de poder estar escribiendo este libro, te estaré eternamente agradecida LAIN. GRACIAS, GRACIAS, GRACIAS.

"Una vez conoces lo nuevo
No vuelvas a lo viejo
Debes crecer, evolucionar..."

Lain García Calvo

1.

LAS TINIEBLAS DE TU INTERIOR

Nuestro destino ya lo tenemos escrito desde antes de que nosotros naciéramos. A mi madre no le fue fácil que yo viniera al mundo y después de cuatro días de parto, y sacada con fórceps, así llegué al mundo.

Recuerdo mi infancia feliz. Fui una niña querida por mis padres, tímida y bastante reservada, algo que tuve que ir trabajándome a medida que iban pasando los años.

Ya desde mi niñez fui una niña muy observadora. Me daba cuenta de cosas insignificantes, pero por aquel entonces yo no sabía lo que me vendría después.

Mis padres siempre quisieron lo mejor para mí. Fui una niña deseada y querida.

Cuando llegó la etapa escolar hicieron el gran esfuerzo de apuntarme a un colegio de monjas; era lo que ellos creían era lo mejor para mí.

Allí solo podían ir hijos de personas pudientes y claro, mis padres no lo eran por entonces… Mi madre, una persona joven. Me tuvo a mí con veintitrés años con una fuerza tanto mental como física increíble. No se dio por vencida, quería lo mejor y no desistió hasta que lo consiguió.

Yo estaba feliz con mi uniforme, con el esfuerzo que eso llevó a mis padres a conseguirlo, siendo ya consciente de ello y el sacrificio que económicamente les suponía. Empecé mis estudios en el colegio **Inmaculada Concepción.**

AHÍ EMPEZÓ TODO...

Me sentía bien, era una alumna más. Al llevar el uniforme no nos podíamos diferenciar de quien podía más o menos a nivel económico.

Yo me sentía con el deber y obligación de no defraudar a mis padres; ya desde pequeña fui una niña muy responsable.

Nunca fui una "lumbreras" en los estudios, pero era obediente y me esforzaba para estar siempre dentro del grupo de las que más sabían.

Ahí pasé los primeros años de mi vida escolar. Me enseñaron valores, educación y mirar al prójimo sin hacer daño a nadie.

El pueblo iba haciéndose cada vez más grande y, con el tiempo, construyeron un colegio estatal más cerca de casa. Lo que hicieron fue dar la opción de quien quisiera podría cambiarse, pero sí que por cercanía a algunos les obligaron a inscribirse en el colegio nuevo.

A mí por suerte no me tocó, podía seguir en el colegio de monjas, pero algunas de mis amigas sí se cambiaron (no me gustaba la idea del cambio).

Era un día soleado, ya se empezaba a notar el buen tiempo. Esa mañana mi madre me dijo "Nena (así me llamaba mi madre), el colegio que está cerca de casa es mucho más grande. ¿Te gustaría cambiarte?".

"Estarías mucho mejor" y me nombró algunas de mis amigas que se cambiaban. En principio le dije que no, que no me importaba si a ellas les había tocado cambiarse, pero yo me sentía bien integrada, y que no quería cambiarme, pero noté la expresión de mi madre y esperaba que yo le dijera que sí.

Estuve toda la noche pensando en el sacrificio que mis padres tenían que hacer para que yo pudiera ir a ese colegio, porque la economía por entonces no iba demasiado bien, aunque yo era lo primero para ellos y hacían ese sacrificio. Siempre fui una niña bastante intuitiva, algo que más tarde se fue desarrollando, pero de eso te hablaré más adelante.

Siendo consciente del sacrificio que eso llevaba en casa, al día siguiente le dije que SÍ.

Ahí empezó mi batalla, una frase que me marcó durante mucho tiempo.

Era fin de curso, habían dado las notas. Un año más estaba ¡APROBADA!

Era lunes por la mañana y fuimos a comunicarlo al colegio, que el próximo curso no asistiría.

Tuvimos muchos impedimentos (cosa que hoy en día eso no pasa), pero sabía que algo iba a pasar y no me equivoqué.

—Buenos días, sor Rita.

—Buenos días, señorita Marín, adelante. —Nos hizo un gesto para ir hacia el despacho.

Nos dispusimos a entrar mi madre y yo.

Era un despacho clásico. Había una mesa grande con una lámpara en el lateral, un sillón donde ella se sentó y dos sillas para las visitas. Un lugar en el que nunca me gustó entrar.

—Tomen asiento, por favor. Vienen a lo de la matrícula del próximo año, ¿verdad? —dijo dirigiéndose a mi madre.

—No, mire usted, hemos decidido que la niña la cambiaremos al colegio estatal nuevo. Está más cerca de casa —le comentó mi madre. Noté que no le estaba gustando lo que mi madre le estaba diciendo.

Acto seguido, levantándose de la mesa y cambiando su expresión dijo:

—Ustedes tienen la decisión, pero no creo que sea lo más correcto —contestó.

Y continuó:

—Srta. Marín, no vale para estudiar. No sacaría las calificaciones para aprobar el curso escolar. Sería mejor que me quedará con ella, porque necesita mucho más control, y en el otro colegio no lo tendría.

No podía creer lo que estaba diciendo cuando días antes me dijo todo lo contrario. No podía contestar; lo teníamos prohibido. Eran las normas de conducta.

Ahí mi madre entró en duda, pero ya estaba decidido. Nos dispusimos a salir del despacho. Hubo unos segundos que parecía que no corría ni el aire.

—Como quieran —contestó—. Perdón, se me olvidaba. Tienen que traerme la cartilla de notas. Tenemos que poner un sello para que sea acogida en el otro centro, sin él no podrá ser inscrita.

—No se preocupe —contestó mi madre—. Mañana mismo la tendrá aquí.

Yo esa noche no pude dormir. No entendía nada, cómo podía decir lo que dijo cuando no era cierto. Siempre estuve en el cuadro de honor del colegio.

Al día siguiente mi madre llevó la cartilla y le pusieron el sello.

Al llegar a casa le dije a mi madre que quería ver la cartilla para ver qué sello era el que tenían que poner. Y otra decepción más. Habían tachado la nota anterior poniendo una nota más baja encima, con lo cual me suspendieron el año escolar.

Ahí me di cuenta, a temprana edad, que la vida no me sería fácil y tenía que salir victoriosa de esa situación, así que le dije a mi madre **"tranquila, me voy y lo sacaré"**.

Obviamente se pudo demostrar y ver que habían tachado la puntuación y encima pusieron la nueva.

¡Así que no lo consiguieron!! Pero…

TÚ NO VALES

Esa frase de mi niñez me acompañó varios años de mi vida. El cerebro va registrando información y la va almacenando en el subconsciente y ahí estaba muy bien guardada.

Es increíble que una frase te pueda estar persiguiendo durante tanto tiempo y tener que ir demostrando, sobre todo a ti misma, que no era cierto.

¿Te ha pasado algo parecido?

¿Qué sientes cuando te dicen que tú no vales?

¿Qué emoción sentiste?

¿Impotencia, rabia, dolor?

Es como me sentí **YO**.

> *Mientras más quieres,*
> *menos te quieren.*
> *Mientras más esperas,*
> *menos recibes.*
> *Mientras más intentas,*
> *menos te valoran.*

2.

EL PODER DE LAS PALABRAS Y CÓMO USARLAS A FAVOR

Podríamos definir a las palabras como "cosas", aun cuando no puedas "ver" las palabras.

Después de todo, las palabras tienen un peso. Pueden llevarte muy abajo o subirte, según de que se trate. También tienen duración, ya que pueden permanecer una vida entera en nosotros.

Es por ello que tenemos que ser especialmente observadores y cuidadosos de las palabras que usamos, sabiendo que una vez que estas palabras ingresan a tu mente es muy difícil sacarlas de ahí.

Las palabras que usamos frecuentemente para referirnos a cómo es nuestra vida o el entorno se convertirán, ya sea en una voz interna de apoyo o bien en algo destructivo que nos mantenga alejados de nuestra realidad.

Igual pasa con las palabras que les decimos a los otros. Nuestras palabras tienen el poder de engrandecer a la gente o dañarlas.

Pueden inspirar confianza o desconfianza. Por esto hay que saber muy bien elegir las palabras correctamente.

Si pudiéramos tener acceso consciente a nuestro cerebro, esa caja central que tenemos dentro de nosotros, nos sorprendería la cantidad de información que ahí se guarda y la cantidad de creencias absurdas que nos amargan la vida, y nos hacen esclava de una misma.

Hemos acumulado un montón de creencias, nuestras por nuestras vivencias, y también externas, que solo nos impiden el paso a una nueva meta.

¿Qué fue lo que te permitió que todo esto se almacenara? Pues fue algo tan sencillo llamado **PALABRAS.**

Cómo la mente humana tiene capacidad de arruinarte la vida u ofrecerte una vida llena de sentido.

La mente es un instrumento bastante complejo. El ser humano trasciende, va más allá, pero la mente es muy sofisticada. La mente genera **pensamientos, los pensamientos generan sentimientos y los sentimientos emociones**, que son las reacciones que llega a tener nuestro cuerpo.

Muchas veces decimos que no pasa nada, le restas importancia, pero ahí está guardado todo en el subconsciente.

Por eso es importante saber cómo utilizar nuestra mente a nuestro favor.

Todos tenemos en algún momento de nuestra vida situaciones que crees que tú eres el problema y las palabras tienen un papel importante durante toda tu vida.

¿Qué puedes hacer para impulsarte a pensar distinto y a seguir hacia adelante?

¿Qué es lo que te está limitando?

Es un lastre de profundidad que llevas desde tu interior, que a través de las palabras se instaló y no te deja mover. Sientes que no debes hacer según qué cosas por no estar bien visto.

Es importante que empieces a nutrir tu mente con palabras correctas en momentos adecuados para ti.

Hay frases que te harán motivarte y usándolas con regularidad las irás incorporando en tu consciente.

"Soy feliz y me siento afortunada".

"No se gana ni se pierde. Todo es un aprendizaje".

"Soy fuerte y saludable".

"Tengo y vivo la vida que quiero".

"Doy gracias por un nuevo día".

Te diré la diferencia de una idea a una creencia. La idea es algo que nos viene a la cabeza en un momento determinado, pero las creencias son patrones mentales que hemos cogido de una u otra manera a lo largo de nuestra vida y nos han marcado tanto positiva como negativamente. Las tenemos instaladas en el subconsciente y no lo sabemos.

Si no es por las circunstancias que te pasan en tu vida y miedos que te llegan en momentos puntuales, ahí es cuando te das cuenta. Muchas veces hacemos algo porque siempre lo vimos hacer y nosotros seguimos haciéndolo, o que siempre escuchaste lo mismo sin saber si era cierto o no (no es una realidad).

Te contaré una creencia mía. En mi casa mi madre siempre tenía por costumbre que, cuando se comía lentejas, ponía para después un huevo frito. Un día le pregunté a mi madre "¿por qué siempre era un huevo y no otra cosa?". Me contestó que su madre ya lo hacía porque en esos tiempos no tenían mucho para comer, y ella lo seguía haciendo y yo lo seguía repitiendo.

Eso es un patrón que se repite. Y te preguntarás: ¿cómo voy a quitarme estas creencias cuando no sé ni que las tengo? Ya te puse un ejemplo. Solo tienes que pararte a pensar qué es lo que haces en automático y das por hecho.

Pero si te has identificado con alguna creencia negativa y la sabes detectar, podemos revertirlas y es algo muy significativo para tu vida.

Así que tenemos que bloquear esos pensamientos que están bien guardados y poco a poco irlos desbloqueando.

Lo primero que tienes que hacer es reconocer el patrón que quieres cambiar. Cuando ya reconoces qué quieres cambiar, tienes ese poder y ya estarás en el proceso para el cambio.

Lo segundo que tienes que saber es que tu precepción de lo que piensas puede no ser la realidad.

Tercero, tienes que reconstruir el patrón negativo que quieres cambiar. Lo harás de la siguiente manera: traerás a tu mente la imagen, la visualizarás en blanco y negro, y dándole la vuelta al revés, la irás alejando hacia fuera hasta que llegue a desaparecer. Luego te imaginas la misma situación, pero ya como tú la quisieras vivir; iluminada, fresca y con un aire nuevo. Y esto lo repetirás varias veces hasta que este patrón vuelva a estar implantado en tu subconsciente.

¿Alguna vez te has parado a escuchar tu interior? Te invito a que lo hagas, es muy enriquecedor.

¿Qué has escuchado?

¿Negatividad?

¿Palabras?

¿Imágenes?

¿Sensaciones?

¿O no fue nada de esto?

No te preocupes, intenta desconectar de forma consciente lo que tienes en tu cabeza. Es un almacén de cosas a las que **tú** puedes darle la vuelta.

Está comprobado que nosotros tenemos la fuerza para poder cambiar solo con el poder mental.

Yo pude, **tú** también **podrás.**

¿Me sigues hasta aquí?

No te dejes vencer por las palabras ni por los verbos. Juega con ellos ya que la risa y el juego refuerzan el sistema inmunológico.

Recordaré siempre ….

Que me llevaste de sueño

**en sueño… De ilusión en ilusión…
en el secreto de tu destino**

Sabiendo que no era yo la dueña.

3.

ENCUENTRA TU IDENTIDAD

Ante todo, tienes que saber cómo eres **TÚ,** quién eres, y tener esa claridad. Sé que ahora mismo no lo sabes, pero te explicaré qué es la identidad para que lo entiendas.

Tú creas tu identidad. Con el progreso del tiempo empiezas a conocerte y a tener tus propios gustos.

En la infancia podemos identificar el comienzo de nuestra identidad porque es cuando empiezas a preguntarte:

¿Quién eres?

¿Qué es lo que quieres?

Aunque será en la etapa de la adolescencia donde la búsqueda se hará más intensa y empiezan aparecer las primeras respuestas a tus preguntas.

En la adolescencia hay un fuerte autodescubrimiento personal y es muy normal que niegues o rechaces todo lo que te digan tus padres o adultos, y lo sustituyas por personas que se ajustan a tu manera de ser. Es cuando las amistades tienen un poder importante en tu vida y sobre todo en tus decisiones.

Pero será finalmente en la madurez cuando se consolida tu propia identidad.

La identidad realmente es una búsqueda de nuestro mismo **YO**, y nos cuesta mucho identificarnos para no equivocarnos.

La identidad te clarifica quiénes somos, de dónde venimos, cuáles son nuestras raíces y a dónde vamos.

Saber cuáles son nuestros proyectos de vida y compartirlos.

La identidad es muy importante porque nos hace personas seguras, fuertes, decididas y comprometidas con lo que queremos. Pero también podemos tener lo opuesto, falta de identidad, que hará que seas una persona que te dejes influenciar por personas de tu entorno y eso hará que tus decisiones te lleven acciones que no sean las correctas o lo que tu deseas.

Una historia más de una persona cualquiera.

Cuando estás en una relación que no te satisface, que no hay comunicación con tu pareja porque te has dado cuenta de que tus proyectos no son importantes para él (te prohíbe hablar de cosas como familia, trabajo y te dicen que no quieren saber nada de esas conversaciones…).

¿Cómo no vas hablar de cosas cotidianas que te suceden?

Quieres la opinión de tu pareja, tu autoestima empieza a bajar en un momento, empiezas a observar a la otra persona y no entiendes por qué estás en esa situación… Él, ajeno a lo que tú estás pensando, te mira y te dice: "¡Vaya cara tienes!".

Te sientes inútil, fea y piensas: "¿será verdad que soy fea?". Te das cuenta de que no te valora y no te quiere, pero tú como persona te sientes totalmente hundida y empieza esa batalla interna que solo tú lo sabes. Te das cuenta de que estás sola y nada de lo que puedas decir le interesa.

Cuando tienes cubiertas las áreas de salud, dinero y te está fallando el tercer paso, que es el amor, esto te crea un estado de ansiedad y desánimo importante, y empiezas a no encontrarte bien. Dolor de cabeza, vértigos, desánimo, depresión, etc., y no sabes lo que te pasa.

En ese momento no lo sabes. Solo piensas que quizás tenga razón, no hay que hablar de según qué temas para llevar armonía en casa. Pero, ¿qué hacer con mi cara?

Eso no lo puedes cambiar. Es tan sencillo como que no te valoras como mujer, estabas perdiendo tu identidad. Incluso empiezas a plantearte si es verdad lo que te están diciendo, que siempre tienes mala cara. No te sientes guapa.

Llegado a este punto es cuando tienes que replantearte qué tienes que hacer con tu vida y cuanto antes te des cuenta de esto será lo mejor.

Es tomar Acción, porque te está afectando la salud.

¿Cómo crees que puede terminar esto?

Pues no tardó mucho tiempo en "separación".

Tienes que volver a recuperar tu "Identidad".

Muchas personas se califican a sí mismas usando su estado civil (estoy casada), profesión (educadora) o incluso su orientación sexual, pero tu identidad no es eso, va mucho más allá de todo eso. Sí, puede ser un complemento, pero no definirlo por eso porque te estás limitando.

¡Pregúntate!

¿Te conoces realmente, sabes quién eres?

¿Cómo te defines?

¿Si te asocias solo a un cargo: soy ama de casa, maestra, secretaria, etc.?

Si lo identificas como tu identidad, cada vez que pienses que puedes perder tu cargo puedes sentirte amenazada.

¿Qué pasaría si te despidieran de tu trabajo, tuvieras una separación o dejaras de ser mamá?

¿Te imaginas no siendo nadie?

La identidad eres simplemente **TÚ**, algo que siempre tuviste, pero no lo veías. Estabas inmersa en otras cosas.

Si eres madre, te ha pasado que haces de mamá durante años, luego los hijos crecen, se independizan y te sientes "**vacía**".

Entras en una crisis existencial que además no sabes cómo ni por qué te está pasando.

O si te despiden de tu trabajo de años, y sin ningún motivo te dicen que ya no eres necesaria…

¿Cómo te sentirías?

Quisiera que después de leer este libro tomes acción, y dependerá de ti, solo de ti, que tengas "**éxito**".

Existe una tribu en África donde la fecha de nacimiento de un niño no se toma como el día en que nació, ni como el momento en el que fue concebido, sino como el día en que ese niño fue "pensado" por su madre.

Cuando una mujer decide tener un hijo se sienta sola bajo un árbol y se concentra hasta escuchar la canción del niño que quiere nacer.

Luego de escucharla, regresa con el hombre que será el padre de su hijo y se la enseña.

Entonces, cuando hacen el amor con la intención de concebirlo, en algún momento cantan su canción, como una forma de invitarlo a venir.

Cuando la madre está embarazada enseña la canción del niño a la gente del lugar para cuando nazca, las ancianas y quienes estén a su lado, le canten para darle la bienvenida.

A medida que el niño va creciendo, cuando el niño se lastima o cae, o cuando hace algo bueno, como forma de honrarlo la gente de la tribu canta su canción.

Hay otra ocasión en la que la gente de la tribu le canta al niño. Si en algún momento de su vida esa persona comete un crimen o un acto socialmente aberrante, se lo llama al centro de la villa y la gente de la comunidad lo rodea.

Entonces le cantan su canción.

La tribu reconoce que la forma de corregir un comportamiento antisocial no es el castigo, sino el amor y la recuperación de la **Identidad.**

Cuando uno reconoce su propia canción, no desea ni necesita hacer nada que dañe a otros.

Y así continúa durante toda su vida.

Cuando contraen matrimonio se cantan las canciones juntas.

Y finalmente, cuando esta persona va a morir, todos en la villa cantan su canción por última vez para él.

Puedes no haber nacido en una tribu africana que te cante tu canción en cada una de las transiciones de tu vida, pero la vida siempre te recuerda cuando estás vibrando a tu propia frecuencia y cuando no lo estás.

Solo sigue cantando y encontrarás tu camino a casa.

4.

DOLOR AL SUFRIMIENTO

"El dolor es inevitable, el sufrimiento es opcional", decía Buda después de años de aprendizaje y meditación.

La palabra sufrir viene del verbo *sufferre*. *Ferre* quiere decir algo así como llevar o soportar.

Todos en nuestras vidas hemos sentido dolor y eso es algo que queremos evitarlo por todos los medios, pero nos daremos cuenta de que es a través del dolor un crecimiento a nivel personal. Acuérdate de cuando eras niña y te dolían las rodillas, estabas creciendo, o cuando tenías esos estados febriles que te hacían estar unos días en cama. Estabas creciendo y así es el dolor. A través de él, algo bueno viene.

Definir el dolor resulta un poco complejo. Se podría decir que se trata de un **"imposible"**.

Si estás pasando por ese proceso, solo tú sabrás lo que es el dolor. No existe medio humano ni científico que se pueda explicar y mucho menos dar detalles y sensaciones que aportar a la experiencia del dolor.

El dolor es conocido desde la antigüedad, y unos de los retos más difíciles para los profesionales es que aun a día de hoy no saben cómo definirlo.

Una manera más práctica es que se podría definir como una experiencia desagradable que va acompañada de una emoción afectiva e incluso de personalidad.

Si sientes que no puedes más, que llevas demasiado tiempo con un dolor y hay momentos en los que piensas que no vale la pena nada porque no tienes fuerzas, y no te ves capaz para nada… Proyectos e ilusiones que tenías programados ves que no se harán realidad. Yo te diría "¡no te preocupes, todo pasará! Yo me sentí igual que **tú**, aleja ese pensamiento de tu mente". Sé que te costará, pero tienes que hacerlo. Intenta distraerte haciendo cosas en las que tu mente esté ocupada y poco a poco verás que todo irá pasando. Solo estás pasando un invierno de tu vida que te está diciendo que algo tienes que cambiar, aunque te resistas hacerlo lo harás, y cuando tengas integrado en tu mente que es el cambio que tienes que hacer te irás encontrando mejor. Toda la ilusión que tenías en proyectos nuevos… Irás viendo que te irás ilusionando otra vez. Este cambio es un cambio importante en tu vida. Puede ser a nivel sentimientos de pareja, laboral, personal o incluso familiar y económico.

Ya pasaste demasiado tiempo en la situación en la que estás. Ya estás en tu zona de confort y el universo te está dando para que te actives, y te muevas, pero en otra dirección. Tienes que cambiar tu programación.

¡Recuerda, yo pasé por lo mismo que tú!

Pero también hay otros tipos de dolor. Te hablaré de Carmen y su dolor. Una persona joven había formado su familia, pero no estaba siendo feliz.

SUFRIMIENTO DE CARMEN

Como otro día más, suena el despertador y Carmen se dispuso como todas las mañanas a levantarse para ir a trabajar. Sus 3 hijos aun dormían y su marido ya marchó a trabajar. Tenía una vida rutinaria, sentía que cada día era lo mismo. Había perdido la ilusión como mujer; no tenía tiempo para ella.

Solo se dedicaba a su casa, sus hijos, marido y trabajo; siempre igual. Ella se sentía joven, sus hijos ya empezaban a ser mayores y pensaba que le gustaría hacer cosas distintas con su pareja. Salir un poco más, tener tiempo para ellos, algo que en alguna ocasión se lo comentó, pero nunca notó que le prestara demasiada atención a lo que ella le decía. No le daba importancia, siempre le contestaba que ya estaban bien así, pero dentro de ella notaba que no.

Aparentemente, cara al exterior, estaba todo perfecto. Tenía una vida cómoda, había formado una familia, tenía sus hijos y eso era algo que ella siempre deseó. Pero esa mañana cuando se levantó sintió un nerviosismo que no era normal. Hacía días que se sentía rara, había algo que notaba no estaba funcionando bien.

Carmen tenía un hermano mayor que ella. Siempre la protegió y le dio buenos consejos. Era la niña mimada y pensó en comentarle lo que le estaba sucediendo, así que cuando llegó la hora que ella sabía que su hermano estaba en casa le llamó.

—Sí, ¿dígame?

—¡Hola, soy Carmen!

—Hola, ¿qué tal, Carmen? ¿Cómo estás?

—Necesito comentarte algo. Me gustaría poder quedar contigo.

—¿Pero pasa algo malo?

—No, no te preocupes, te comentaré cuando te vea.

—Vale, pues esta tarde si quieres cuando salgas del trabajo nos vemos.

—Vale, hasta luego.

—Hasta luego.

Carmen se sentía muy nerviosa. No sabía lo que le estaba pasando, así que cuando llegó la hora de plegar de trabajar esa misma tarde fue a ver a su hermano.

—Hola, Manolo. —Así se llamaba su hermano—. ¿Cómo estás?

—Yo bien. Pero, ¿qué te pasa a ti? Te noté por teléfono que algo te pasa. Cuéntame...

—No sé lo que me pasa. Tengo todo lo que quiero y siempre deseé, pero no me siento bien. Me siento muy triste, me siento sola. Hace unos días que estoy muy nerviosa. Noto como si me estuviera perdiendo algo. Me gustaría que Juan mi marido estuviera más tiempo conmigo. Es buena persona, mira para la casa para que no nos falte nada, pero siento que el amor que teníamos se está perdiendo. No tenemos esa complicidad que teníamos y cuando está en casa es algo rutinario de cada día.

Manolo no estaba dando crédito a lo que le estaba contando su hermana. Se les veía feliz, nunca pensó que su hermana le fuera a decir algo así.

Él, un hombre 12 años mayor que ella, también había formado su familia, le dijo quitándole hierro al asunto para tranquilizarla. Le dijo que era normal lo que le estaba pasando, que tenía mucha suerte de tener un hombre como Juan a su lado, trabajador y que la quería, que eso que sentía no se preocupara porque que se le pasaría.

Cosa que no fue así.

¿Por qué te cuento esto? Pues porque igual que Carmen te puedes estar sintiendo TÚ.

Carmen ya le estaba afectando en su salud. La vida que estaba llevando no la hacía sentir feliz.

¡Cuidado con las emociones! Porque esto te está produciendo otro tipo de dolor.

Escucha tu cuerpo, te está avisando que algo no está bien y hay que tomar acción, porque **TÚ** eres responsable de todo lo que pase y cuanto antes seas consciente de ello antes sanarás.

DOLOR A LAS EMOCIONES

La mayoría de las veces el cuerpo se manifiesta cuando algo no está funcionando, bien de diferentes reacciones que no siempre son físicas sino emocionales. Te diré alguna de las más importantes y comunes para que las reconozcas y sepas a qué son debidas. Algunas pueden sorprenderte y quizás no las conozcas.

Dolor de piernas: las piernas son nuestro transporte para tirar hacia adelante o hacia atrás, conocer personas, ir a su encuentro o apartarme de ellas, lo cual nos están diciendo que tenemos sentimientos que puedes experimentar de vivir con relación al movimiento y a la dirección que tienes que tomar en el campo de las relaciones con tu entorno.

Dolor de cuello: tienes ciertos rencores y sentimientos negativos guardados. Esto te puede dar dolor y falta de movimiento que aparece en el cuello. Así que, si estás sintiendo ese tipo de dolor, tienes que sacar todo lo que llevas dentro, habla de lo mal que te sientes, desecha todo lo negativo. Cuando lo hagas, te darás cuenta que no es tanto como tú pensabas y empezarás a encontrarte mucho mejor.

Dolor en el hombro: sientes que tienes una carga sobre tu espalda. Eso significa que estás cargando problemas sin sentido. Tienes que dejar ir todo lo negativo. Anímate a sentirte libre, suelta todo lo que no te sirve. Tenemos la tendencia de hacernos cargo de problemas que muchas veces no son nuestros. Verás que te sentirás más ligera y muchísimo más relajada.

Dolor en la espalda superior: es bastante común este dolor. Te está diciendo que hay soledad y están ocupando tus pensamientos negativos un lugar que no les corresponde. Habla, expresa lo que sientes, confía en las personas que están en tu entorno. No estás sola, mira a tu alrededor. Tienes personas que te quieren. Observa y te sentirás mejor.

Dolor de codo: si te aparece sin ningún motivo este dolor, te está indicando que te estás resistiendo a un cambio o acontecimiento que marcará tu vida. No lo dejes escapar. Todo en la vida pasa por algo y es algo bueno lo que te llega.

Dolor de cadera: en tu vida has tenido desafíos, no tengas miedo a encararlos, hazlo no permitas que te agobie. Eres fuerte, es inevitable no fallar, pero levántate todas las veces que sean necesarias porque tú puedes y sigue adelante.

Dolor de pies: es un dolor que se relaciona con la depresión y el desánimo, puesto que los pies son puntos del cuerpo muy sensibles. Si eres muy propensa a este dolor es algo que tienes que cuidar mucho.

Dolor de la cabeza: algunos factores como rutina o estrés pueden ser causantes del dolor de cabeza. Es una señal de que tu cuerpo necesita un reposo. Puede ser debido a un cansancio que se ha acumulado y una presión de un montón de cosas que te lo pueden provocar. Relájate, busca tiempo para ti y verás cómo ese dolor mejora.

Hay una técnica emocional que consiste en llevar un cuaderno e ir apuntando cuando tu sientas una emoción intensa negativa.

Tienes que estar muy atenta a tu cuerpo y saber cómo te está afectando, tanto positiva o negativamente, y anotarlo cuando ya hayas pasado algo y aun te quedas con esa cosa revoloteando.

Tendrás que saber la situación de cómo ocurrió y la emoción que sentiste en ese momento.

Los pensamientos que tuviste después de lo ocurrido.

Las sensaciones físicas que percibiste... Cuantos más detalles apuntes, mucho mejor para tu poder detectar la emoción.

La emoción que sentiste es la que te costara más en detectar porque puede estar alguna emoción escondida que no percibas.

¿Y qué es lo que te quieren decir esas emociones? Pues una necesidad de cambio. Si en alguna ocasión sentiste tristeza es una impotencia de no poder hacer nada.

Las acciones que llevaste a cabo después de pensarlas indican mensajes que tu cuerpo detecta que necesitas.

Tienes que tener un plan de acción para poder salir victoriosa de la situación y saber que puedes gestionarlo de diferente manera cuando te vuelva a suceder.

¿Eres supersticiosa?

Ayer fue martes y trece, un día que según algunas personas supersticiosas hay que tener precaución.

Me preguntaba una amiga si yo lo era, a lo que le contesté que yo no lo era y seguidamente me comunicó lo que le había sucedido (ella sí lo era).

Le suena el despertador por la mañana, se dispone a pararlo y se da cuenta el día que era…

—¡Dios, martes y trece! Tengo que tener cuidado. Hoy me va a salir algo mal. —Dejando por un momento ese pensamiento se dispuso a hacer sus cosas habituales y a prepararse para ir a trabajar.

Iba trascurriendo el día. De vez en cuando le venía ese pensamiento del día que era, pero todo estaba saliendo bien, no le estaba sucediendo nada distinto. Todo lo contrario, como si todo le saliese rodado.

Cuando terminó su jornada laboral, marcha para casa y empieza a pensar que quizá todo esto no tiene sentido y tiene que dejar de ser supersticiosa. No tiene que pasar nada porque sea martes y 13.

Al día siguiente cuando se despertó notó que le dolía una pierna. Era un dolor que venía teniendo ya hacía algunos meses, pero ese día era mucho más intenso. Le vino el pensamiento del día anterior y volvió a recordar que quizás ella no se había equivocado, solo que vino con un día de retraso. Pero intentó quitarse de la cabeza ese pensamiento y no le dio importancia. Tomó su medicamento y marchó a hacer su tarea como cada día, pero a medida que iba pasando el día el dolor era mucho más intenso, a lo que decidió ir al hospital. Cuando llevaba aproximadamente dos horas esperando a que le tocara, la llamaron por su nombre, entra en la consulta y a todo esto ya iba totalmente cojeando del dolor. Explica una vez más lo que le sucede (no era la primera vez que iba), le preguntan si ha ido sola porque le van a poner un inyectable bastante fuerte para poder quitarle el dolor, a lo que le contesta que no importaba, que solo quería que se lo quitaran. Acto seguido, la ponen en una camilla y le dicen que se espere, que no puede marchar porque se estaba mareando. Esperó aproximadamente una media hora y fue entonces cuando recibió un mensaje al teléfono.

—¡Me voy de urgencias, la mamá no se encuentra bien! —Era su hermana. Tengo que decir que su hermana y su madre viven muy cerquita.

En ese momento sintió rabia, impotencia. Dolor ya no físico, ese ya lo tenía, no se podía mover. Pero sabía que tenía que hacer algo. Simplemente no podía, así que con el dolor y necesitando alguien para que le ayudara, se fue para casa.

¿Por qué te cuento todo esto?

Mi amiga está pasando por un proceso de duelo de una pérdida de un familiar, algo traumático para ella porque fue inesperado y no pensó que esto le pudiera pasar. No tenemos consciencia de que personas queridas se puedan ir de nuestro lado. Ella no estaba sanada y todo tiene un tiempo de sanación. Ella no sabía que el dolor que estaba teniendo ya varios meses sin darle demasiada importancia era un dolor derivado de las emociones.

El dolor de la pierna izquierda está relacionado con la madre. Ella no podía hacer todo lo que le hubiera gustado hacia su madre. También tiene el significado de una pérdida, en este caso de su familiar cercano y sentirse traicionada por personas queridas.

Aquí ves un claro ejemplo de lo que es un dolor emocional. Los dolores no siempre son físicos, también dolores del alma. Cuando ella pensó que un martes y trece podría traerle consecuencias lo tenía grabado en el subconsciente y no fue ese mismo día, pero sí al siguiente.

"Vivir en el miedo lo vuelve a un@ supersticios@".

5.

LOS MIEDOS, MALOS CONSEJEROS

No podemos evitar sentir miedo en ocasiones desconocidas, eso es algo normal y natural. Todos tenemos miedos y eso es lo que hace que te aferres a tu situación actual e intentes no cambiar.

Todos tenemos cantidad de miedos que nos hacen renunciar a lo que realmente queremos. No cometas el error que cometen muchas personas en aferrarse a algo que no les gusta e incluso pueden enfermarse. No dejes pasar mucho tiempo.

La ansiedad trae consigo el miedo cuando vivimos situaciones que nos superan y pensamos que los recursos que tenemos no son suficientes para afrontarlos. El miedo está en nuestra memoria.

Es algo que hemos creado en nuestro pasado y hace que nos lleve al futuro para preguntarnos: ¿qué pasa si…?

¿Si no sale como pensamos? ¿Y si fracaso? ¿Y si no me aceptan? ¿Y si…?

Yo te pregunto: ¿qué estás haciendo que no te gustaría hacer? ¿Qué cosas te gustaría hacer y sin embargo no estás haciendo? ¿Qué piensas cuando vas a dormir por la noche?

¿Qué te preocupa?

Son preguntas que te pueden ayudar mucho a hacer una reflexión y pensar a qué le tienes miedo.

Todos en algún momento sentimos miedo, pero tienes que enfrentarlos, aceptarlos y callar esa vocecilla que te dice ¿y si no lo consigo?

Tienes que callarla con un **YO PUEDO AFRONTARLO**. Busca tu porqué y sobre todo toma **Acción**.

Los miedos no tienen nada que ver con el origen de donde vengan; pueden ser del consciente o del subconsciente.

Hay varios tipos de miedos.

¿A qué tienes miedo?

Miedo al miedo: a no tener determinación, a no saber si podrías llegar al destino que tú quieres.

Pero algo importante. Si hay una sola persona que hizo lo que a ti te gustaría hacer, **TÚ** también puedes hacerlo. Puedes tardar más o menos, pero nadie te preguntará cuánto tiempo tardaste.

Miedo al rechazo: al rechazo a la sociedad. Todo el mundo opina de todo el mundo, por lo tanto, no sería un problema (medio mundo critica al otro medio).

Miedo al fracaso: el fracaso es no intentar lo que realmente has venido a hacer en esta vida.

Miedo al compromiso: cuando quieres algo casi todo el mundo desea lo que quiere. Por ejemplo, un coche. Decido que tengo que ahorrar para llegar a que eso llegue a su fin.

Eso es lo que nos inculcaron desde pequeños, el sacrificio. Pero eso no es así. Cuando realmente estás comprometida de verdad, desde tu interior, la voluntad llega antes que el deseo. Este ya lo tienes materializado y sí o sí será una realidad.

Miedo a rendirnos: TÚ eres la persona que tiene que tener esa fortaleza y pensar qué es lo que te espera siguiendo como estás.

Miedo a confiar: todos durante nuestra vida confiamos en personas externas a nosotros. Por ejemplo, el conductor del bus. Cuando tomas la decisión de subir estás confiando en la persona que lleva ese bus. Inconscientemente, pero lo estás haciendo. En los maestros también confías, en lo que te enseñan es lo mejor. Incluso en nuestros políticos… ¿Por qué no confiar en ti?

Todas las personas que deciden pasar la barrera del miedo es porque confían en su corazón, esa voz de tu interior que te dice **HAZLO**

Todos como seres humanos tenemos obligaciones para con todo el mundo: familia, hijos, amigos, sociedad… Pero la que tenemos para nosotros mismos es solo una.

Te contaré la historia de ROCÍO para que comprendas mejor lo que te estoy diciendo. Me interesa que lo apliques.

Rocío, una mujer en plena vitalidad, había llegado al ciclo de los 40. Estaba en la fiesta de su cumpleaños, había sido una sorpresa.

Allí estaba toda su familia, algo que tendría que hacerla feliz. Una vez más sentía que estaba haciendo lo que los demás querían (nunca le gustaron las multitudes) y eso no le gustaba. Tenía miedo de perder su familia, miedo a cosas que no tenían sentido, a si pasaban los años. Nunca dijo nada. Su vida era como un guion, "hoy toca esto, mañana esto otro". Nada se salía de contexto.

Todos los días eran iguales. Sabía qué tenía que hacer y lo que iba a pasar cualquier día de la semana, pero ve que el resto del mundo vive una vida aparentemente feliz y segura.

Mientras, ella tiene más miedo que vergüenza.

Pero lo que le pasó a Rocío es algo muy común.

"La gente tiene mucho más miedo que TÚ"

Tienen tanto tanto miedo que no se paran a cuestionar su vida para que no se les derrumbe lo que hasta ahora obtuvieron.

Se sentirían fracasadas y rompiendo ese patrón que en su día les empujó la sociedad.

Reconoce al miedo y agradécele por querer protegerte, y después déjalo ir. Solo es una neblina que atravesarás. Sigue hacia adelante y te darás cuenta de que solo era algo mental.

Perseguir nuestros sueños.

Ve detrás de ellos. La vida es corta, piensa en ti y no tengas miedo a nada ni a nadie.

Aun así, te preguntarás: ¿si persigo mis sueños tendré más felicidad?

A lo que te respondería que puede que sí, puede que no. Pero de lo que sí estoy segura es de que si no vas detrás de ellos… Eso sí no te dará felicidad.

Ve hacia tus sueños, sal de esa rutina que tienes, porque si no vas detrás de ellos la vida te pondrá situaciones en las que tendrás que pasar por ese desierto, que, si ya no estás metida, cuesta mucho salir y sin darte cuenta estarás atravesando ese camino en solitario. Solo **TÚ** podrás decidir hacerlo o no.

La vida es cíclica, está siempre en continuo movimiento y no siempre dura todo en la vida. De ahí el refrán:

¡No hay mal que 100 años dure!

¿Qué pasa? Cuando estabas en una relación de pareja y has podido experimentar el abandono, y no dejas de hablar de la situación con tus amistades, con familia, justificándote por algo que no estuvo bien según tu entender. Aunque yo siempre digo que esto es cuestión de dos, pero de lo que aquí se trata es que si sigues teniendo esos pensamientos negativos en tu cabeza, estás alimentando mucho más el dolor. Tienes que aceptar las lecciones de la vida y a soltar.

Porque si no, la vida te pondrá situaciones similares a las que ya viviste una y otra vez hasta que aprendas. Puede ser con una pareja que te recuerde al anterior que tuviste o incluso con la misma persona, pero después el abandono será mucho más doloroso para ti.

Y por el contrario, si no tienes pareja y la deseas, no te preocupes. Es porque tienes que sanar algo de tu pasado. Puede ser tuyo o incluso de tus padres o ancestros, el universo también te está dando una lección. Posiblemente desaprender del desapego, miedo a la soledad o porque tienes que hacer una función en esta vida que si tuvieras pareja no podrías hacerlo.

No te cuestiones nada. Todo tiene un porqué. En mi siguiente libro "El cristal donde te miras" te hablaré mucho más del despego y podrás conocer más a las personas por sus comportamientos y su imagen corporal, así podrás detectar el perfil de la persona que tienes delante y poder comunicarte con ellas y poder vivir más en armonía.

6.

¡DEJA DE QUEJARTE!

La queja es conocida por todas las personas, es una expresión o resentimiento de dolor del que siempre nos estamos quejando por todo.

Muchas veces hemos tenido que aguantar continuas quejas de personas, e incluso de nosotros mismos, y también nos han tenido que aguantar.

No te quejes

La queja poco a poco te va pesando más y más en tu estado de ánimo. Necesitamos exteriorizar todas las emociones y pensamientos negativos, pensando que esto nos hará sentir mejor, pero lo cierto es que nos quejamos porque no estamos viviendo una vida que nos gusta y es una manera de sacar esa negatividad durante el día. Te cansa estar con personas que constantemente se quejan, por eso tú **¡no te quejes!**

Cuando vivimos en la queja nos convertimos en víctimas y buscamos la empatía y aprobación de todos los demás, pero como ya sabemos, la negatividad trae negatividad, así que con eso no adelantamos nada. Más bien tenemos un desgaste interno y lo que conseguimos es que las personas que están cerca se alejen de nuestro lado.

Cuando nos quejamos nuestro cerebro se llena de una información negativa que se trasforma en más negatividad.

La queja te roba energía. Cuando estamos con personas negativas que nos cuentan todo lo negativo que ellas creen que les pasa y se marchan, nosotros entramos en un suspiro: "Ufffff, ¡menos mal!". Nos absorbió toda nuestra energía y positividad y sin darnos cuenta hemos dejamos que nos la robe.

Nos quejamos de todo: de nuestras relaciones, del trabajo, de cómo está la vida, el tiempo (si hace frío porque hace frío, si hace calor porque hace calor), etc.

¿De qué te vale quejarte si no haces nada para remediarlo? Tienes mucho resentimiento y dolor y eso te perjudica.

No cometas el error de querer amoldar a tu vida las situaciones que te puedan estar pasando y estar quejándote.

Puedes mostrar un desacuerdo en cosas que te pasen, pero solo es cuestión de ponerte a actuar y cambiar lo que no te guste. Cambia tu pensamiento y cambiará tu vida. Una actitud positiva con una actitud activa.

"Solemos quejarnos mucho y no nos ponemos en acción. Queremos que las cosas cambien, pero nos negamos a cambiar".

7.

PERDÓNATE Y PERDONA A LOS DEMÁS

El perdón es la acción de perdonarte a ti mismo o a otras personas a las que puedes haberles faltado.

Es un acto donde tú te liberas.

Para perdonar tienes que estar completamente arrepentida y la otra persona estar dispuesta a dejar el problema atrás.

¿Cuántas veces te hubiera gustado que te pidieran perdón y no lo han hecho?

Y piensas, ¿yo perdonaría?

Pero ves tanta maldad, tanto odio y falsedad que piensas: ¿vale la pena?

Aprender a perdonar el algo muy difícil cuando alguien te ha hecho daño o ha herido a personas que tú quieres. Pero perdonarte es importante y necesario para conseguir esa paz mental y espiritual, pero tienes que hacerlo desde tu corazón.

Porque si no lo hacemos desde la mente es cuando el perdón es pasajero.

El perdón es una obligación pendiente, de una ofensa o de una acción hecha a la otra persona. Al perdonar se expresa un sentimiento de compresión ante el error cometido.

Si quieres que tu vida vaya a mejor me gustaría que perdones a todo el que te haya hecho daño, aunque sea imperdonable. Perdona, si no lo haces irás con esa carga durante el resto de tu vida.

Cuando pensamos en perdonar a alguien, ahí es donde entramos en un conflicto. ¿Por qué no consigues perdonarlos?

Aun siendo consciente de que probablemente en cualquier situación que pasó tu hubieras actuado de la misma manera, lo sigues juzgando.

Hay un dicho que dice que antes de juzgar a nadie, ponte en los zapatos de la otra persona.

Aun así queremos tener razón y queremos que la situación cambie.

También está el perdón del ego y es el que dice: ¡yo te perdono pero no olvido!

Este perdón es un perdón que nos deja huella porque no rompemos ese hilo conductor que nos trasmite. Celos, rabia hacia la otra persona. Lo tenemos en nuestra mente y nos va dejando síntomas en malestares físicos, mentales y malas relaciones.

Hay frases de maestros espirituales que dicen que cuando tú perdonas, TÚ eres el principal beneficiado de todo esto.

Todos queremos ir ligeros de equipaje. No guardes rencor, no vale la pena. Al perdonar vas más ligero, en paz y en equilibrio con el amor.

Y en ese momento te vuelves a reconectar con la vibración del amor que eres y la vida te premia con más amor.

Así que perdónate y perdona a los demás.

Hay personas que creen que el PERDÓN es hacer como si no hubiera pasado nada. Tampoco es decir "tú has hecho una mala acción y yo no" o "voy a perdonarte y no quiero vengarme".

Pero no deja de estar la idea de castigo contigo y ese rencor guardado.

Me gustaría pedirte algo, ¿puedo? Cierra los ojos y piensa en esa persona que te hizo daño y que crees que la has perdonado.

Sabrás que NO has perdonado cuando traigas a tu mente a esa persona y tu emoción no está en paz y en equilibrio con ella.

Recuerda: PERDONAR no es olvidar. Perdonar es recordar sin rencor y sin tener ese malestar que no te deja estar bien.

PERDONAR es sacar el dolor y quedarte con la enseñanza.

POEMA

Mis palabras sobran, pero desde el fondo de mi corazón grito a los cuatro vientos: perdóname.

Perdóname corazón, eres tú mi vida, eres mi sol y mi luna. Sin ti estoy vacío y te pido perdón.

Te pido perdón. Ojalá tengas en tu corazón el concederme tu perdón.

Después de aquel momento, nunca más te he faltado. No supe ser lo que esperabas porque no fui lo que soñabas. Fui solamente mortal, con defectos y caídas. Te pido perdón.

Sé que mis palabras sobran, que te estorban, pero necesito decirte perdón.

Quiero que me perdones, lo necesito. Si es que alguna vez te hice llorar o irte de donde quisieras estar o si hice imposible tu bienestar…

Perdóname. Perdóname, si el amor de verdad existe. Si por causalidad alguna vez me quisiste, si lloraste cuando mi amor perdiste después de este doloroso y fatal desastre.

Perdóname si he ofendido tu corazón por no ser como realmente quieres y deseas que fuera.

Perdóname por todos los sufrimientos que te he causado por las decepciones en la vida.

Perdóname por querer que me perdones, por brindarte tantas desdichas en la vida perdóname, por todas las penurias que has pasado conmigo y por querer cambiar para ti y en el intento fallarte.

Date el placer de concederte el **perdón.**

8.

DIFERENTES ESTACIONES DE NUESTRA VIDA

Durante nuestra vida pasamos por varias etapas de vida. Hay momentos en los que nos sentimos felices, muy dichosos, y otros, sin embargo, sin saber por qué, ves que tu vida no tiene sentido.

Y otras, todo te da igual. Estas son nuestras estaciones de vida que son, como las estaciones del año: primavera, verano, otoño, invierno. Es inevitable que así suceda porque todos en nuestras vidas vamos a pasar por eso.

Por ello es importante saber en qué estación del año te encuentras en este momento y tener esa información para poder aprovechar todos los beneficios que cada una de ellas conlleva.

Lo primero de todo, debo decirte que de lo que se siembra se recoge y lo que haces en una estación hace tener éxito o fracaso.

Es decir, que cuanto antes analices en qué etapa de tu vida estás, antes encontrarás la solución. No vale pararse y esperar. Tienes que actuar, porque si no, las consecuencias pueden ser graves como enfermedades, depresión, estrés, ansiedad, apatía... Y te dirás "¡yo no hice nada!".

Por eso en la vida hay que tomar medidas siempre.

También encuentras personas que te dicen "¡yo soy así! No voy a cambiar". Son expresiones muy comunes.

Pero la vida te llevará quieras tú o no. Llegados a este punto sabemos que tomar decisiones es lo más correcto. Te mostrare las diferentes etapas de tu vida y como aceptarlas para poder disfrutar de todo lo positivo.

Primavera: acciones para tomar.

En la primavera florecen las flores y los animales salen de su guarida durante el invierno.

En tu vida es igual. Tienes que estar atenta a las oportunidades que te puedan aparecer como una oferta de trabajo, un nuevo amor... Y si ya lo tienes, mima a tu pareja: algún viajecito, una cena sorpresa, algún detalle... Mímate **TÚ.**

(Recuerda, estás sembrando).

Verano: esta estación del año en tu vida es bienestar, placer, abundancia y tranquilidad. No tienes ninguna pérdida. Estás recogiendo los frutos de lo que sembraste en primavera y siendo consciente de que esta estación es para disfrutar y no lo perderás. Las malas energías que te puedan llegar a través de tu entorno, etc., no llegarán a ti. Estás resplandeciente.

Pero recuerda: recoges según sembraste en la primavera. Si no hiciste nada, todo se mantendrá igual, teniendo en cuenta que llegará otra estación que no será tan fructífera como el verano.

Otoño: con la llegada del otoño sabemos que está la caída de la hoja, bajan las temperaturas, el tiempo cambia, y eso es lo que te pasará si estás en esta estación de tu vida. Baja energía y época de depresión. Es momento de responsabilizarte si lo que hiciste en anteriores estaciones fue positivo o no y poder lidiar con la próxima estación que se avecina. Cuida tu cuerpo, atenta a los resfriados y estate alerta a la próxima estación que es el invierno.

Invierno: es la estación más difícil de nuestras vidas. Como la estación propiamente dicha, es recogida; los días son más cortos, las noches más largas y frías. Es inevitable que lleguen los tiempos difíciles.

Por eso tienes que estar preparada para cuando vengan y asimilar las consecuencias con fuerza y una buena actitud.

Esperando que llegue la primavera y el verano.

Y ahora, ¿en qué estación estás **tú** de tu vida? Piensa, analiza y actúa en consecuencia. Nada es para siempre, solo que te pille sabiéndolo para poder obrar en consecuencia.

"En la vida solo el cambio es constante".

Y ahora que estamos queriendo un cambio y hemos detectado en qué estación del año te encuentras…

"Si sigues actuando igual que lo has estado haciendo en años anteriores, tendrás los mismos resultados. Lo bueno está por llegar".

Lo mismo que ya sabemos que pasamos por distintas etapas en nuestra vida, también llegarán personas a tu vida para quedarse por una estación, algún tiempo determinado y algunas para toda la vida.

Cuando reconozcas a cada persona sabrás qué hacer con ellas porque llegan a tu vida por una razón. Llegan para llenarte de una necesidad que estás pasando por ese momento, te asistirán para alguna dificultad, darte apoyo, ayudarte emocionalmente, físicamente o espiritualmente.

Llegan a ti sin darte cuenta, pero están ahí por la razón que necesitas.

Pasado ese tiempo, sin ningún problema o inconveniente hacen o dicen algo donde la relación llega a su fin.

En algunas ocasiones mueren. Lo que tenemos que detectar es qué necesidad teníamos en ese momento que ya no la tenemos. Nuestros deseos se cumplieron y por lo tanto el trabajo está terminado.

El universo hizo su trabajo, el tiempo sigue, hay que seguir hacia adelante.

Cuando estas personas llegan a tu vida por una estación, tienes una oportunidad y el tiempo para compartir, crecer o aprender. Te enseñarán algo que nunca habías visto o hecho.

Normalmente te traen alegrías, pero recuerda: solo será por una **ESTACIÓN.**

Conozco personas que ansiaban tener hijos. Desean sentir el deseo de maternidad o paternidad. Siguieron el protocolo que años atrás se tenía: tienen una pareja, se casan con mucha ilusión, tienen los hijos… Estos se hacen mayores y no necesitan tanto a los padres. Al cabo de unos años esta relación se rompe.

Solo había una cosa en común: ser padres. No había nada más. El universo hizo su parte para que ese deseo se cumpliera. Es un claro ejemplo de las personas que llegan a tu vida por una estación, pero no para toda la vida.

Habrá personas que se marcharán de tu vida no porque en ese momento cuando estuvieron no hubiera aprecio o cariño, sino porque ya no estáis vibrando en la misma frecuencia.

Cuando yo me separé después de muchos años, tenía mis amigas de colegio, de juventud. Cuando les comenté que me separaba y me iba a otro pueblo cercano a vivir me miraron con cierto recelo y nunca más supe de esas personas. Ni una llamada, ni un cómo estás. Nada. Ahí te das cuenta de que tú eres responsable de todos tus actos. Solos venimos y solos nos vamos…

Años después me enteré de que vivían atrapadas en una relación en las que no estaban satisfechas y aguantando por el "qué dirán". No tienen el valor suficiente para coger las riendas de sus vidas y se dejan llevar.

Yo decidí cambiar esa situación.

Cuando elimines lo que no está en sintonía contigo, te darás cuenta de que eran insignificantes para tu vida. Podrás ver tu realidad , pensar por ti misma y no estar manipulada por ciertas personas que, sin quererlo, esa información está entrando en tu subconsciente y te frena para tomar decisiones.

Este tipo de personas se les llama TÓXICAS y te das cuenta de quiénes son.

Solo hablan de ellas, toman el rol de víctimas, tienen una visión bastante pesimista de las cosas, son envidiosas, infelices y no se alegran por los logros de los demás.

¿Sientes que cuando le explicas algún proyecto o ilusión te da la vuelta para que no lo consigas?

¿Sientes que cuando te marchas te ha dejado baja de energía y empiezas a encontrarte mal?

¿Has detectado a alguien así en tu entorno?

Las personas **TÓXICAS** son también destructores de sueños.

Pero no te preocupes, la vida te pondrá personas que estén a tu misma sintonía de superación. No todas las personas evolucionamos al mismo nivel y otras no evolucionan nunca.

¿Te ha pasado alguna vez ver personas que siguen vistiendo como hace veinte años atrás? y escuchas sus conversaciones y solo hablan de lo que hicieron en su pasado y lo bueno que fueron, incluso dicen cosas como si todavía las tuvieran en presente y que ya no las tienen.

En el presente no se esfuerzan en aprender las nuevas tecnologías, nunca cogen un libro, solo miran la televisión y es como si pasaran del mundo...

Cuando empieces a hacer estos cambios y tengas mucha claridad en tu mente y estar decidida a tirar hacia adelante, para tu crecimiento personal, económico y profesional en todos los sentidos, habrá personas que te digan, que te has vuelto loca, que no sabes lo que quieres y que sola no serás capaz de hacer nada. Incluso te dirán si te has metido en una secta.

El universo te está poniendo a prueba para saber si realmente estas preparada para tu cambio.

Ten cuidado a quien le cuentas tus intimidades, son personas que se disfrazan de corderos, pero que en realidad son lobos dispuestos atacar donde más te duele, con tal de lograr sus objetivos, son personas manipuladoras que juegan con tus emociones, generan un profundo sentimiento de culpa y al final sigues siendo una pieza más dentro de su juego.

No sé si será tu caso, pero muchas personas se han sentido manipuladas y han sufrido diferentes daños psíquicos y físicos frutos de la situación estresante. Pueden producirse tanto en la familia, trabajo o pareja.

Probablemente muchas veces vienen dadas de personas muy cercanas a ti, que creen que pueden hacerte cambiar de opinión porque son queridas y te conocen bien.

Todos en nuestros entornos siempre encontraremos personas así. Ahora ya sabemos detectarlas y cuanto más lejos mejor. Son personas que tienen que hacerse a un lado para que **TÚ** puedas pasar y caminar hacia tus sueños. Si no las apartas no lograrás conseguirlos.

El cuento del lobo disfrazado con piel de cordero.

Érase una vez un lobo que tenía mucha hambre y quería comerse una oveja de un rebaño que vivía cerca de su casa. El pastor del rebaño siempre estaba muy atento y por muchos y por muchos intentos que hacía nunca lo conseguía.

Pensó un día el lobo en cambiar su apariencia para que así le fuera más fácil conseguir su comida.

Paseando por el bosque con gran sorpresa vio una piel y se le ocurrió ponérsela por encima para parecer una oveja. Así lo hizo y se fue a pastar con el rebaño, despistando totalmente al pastor.

Al atardecer, para su protección, el rebaño fue llevado a la parte de la granja donde pasaba la noche, quedando la puerta asegurada.

El lobo se dijo "ahora cuando el pastor se duerma cogeré a la oveja que este más gorda y me daré un auténtico festín".

Pero esa noche, buscando el pastor la comida de su familia para el día siguiente, fue donde estaba el rebaño y cogió al lobo creyendo que era un cordero. Lo sacrificó al instante.

Cuando la mujer del pastor intentando cocinarlo se dio cuenta de que realmente no era un cordero sino un lobo, llamó a su marido. Este reconoció al lobo que ya había intentado en varias ocasiones atacar a sus ovejas y se puso muy contento por haberlo matado.

Debemos tener mucho cuidado, pues las apariencias engañan.

Te voy a contar algo que me paso a mí.

Hace tiempo conocí a una persona. Yo por aquel entonces trabajaba en Barcelona y solía ir a una cafetería cerca del lugar del trabajo. Esta persona era aparentemente, tranquila, correcta, educada. No me caía mal. Cada vez que nos veíamos nos saludábamos. Cruzábamos algunas palabras, pero poca cosa más. Pero al paso de los días fuimos cogiendo amistad. Pasó el tiempo y yo volví a mi pueblo, donde vivía. Siempre mantuvimos el contacto, nos saludábamos cada cierto tiempo, nos felicitábamos las fiestas y cumpleaños… Hablábamos de cosas normales del trabajo, cómo nos iba.

Esta persona estaba muy bien situada, tenía un buen empleo, tenía economía y vivía bien. Yo por aquel entonces no estaba en mi mejor momento. Había dejado mi negocio; las cosas no me estaban saliendo como yo esperaba.

Pero afortunadamente las cosas cambiaron, como todo en esta vida. Yo volví a montar mi negocio, las cosas empezaban a ir bien, y a él, por el contrario, en su trabajo hicieron reducción de personal y después de muchos años lo echaron a la calle.

No tardó en encontrar otro empleo, pero ya no eran fijos. Estaba un tiempo y volvía a estar buscando otro. Así estuvo mucho tiempo.

Hace unos días vi un mensaje suyo en mi teléfono, pero no le pude contestar. Al día siguiente le hago la llamada:

Yo- ¡Buenos días!

Él - ¡Hombre, señorita! ¿Cómo estás?

Yo - ¡Muy bien! Perdona, ayer no pude cogerte la llamada y me dije que de hoy no pasaba. ¿Y tú qué tal?

Él- Bien, ahora estoy trabajando en una agencia de viajes y las perspectivas de futuro serán muy buenas, Ya creo que por fin estaré tiempo aquí, y además tengo un proyecto que si me sale estaré genial. Pero de eso ya te lo contaré, que ahora no quiero decir nada. Tengo que ir a verte y te lo contaré…

Yo - Cómo me alegro de que estés bien. Sí, cuando quieras ya hablamos y me cuentas.

Él - ¿Y tú? Cuéntame.

Yo - Pues yo muy bien, los negocios están muy bien. Estoy muy tranquila en casa.

Él - ¿Pero como que en casa? ¿No trabajas?

Yo - Bueno, trabajo de otra manera. Ahora me organizo desde casa. Tengo mis consultas privadas, ya sabes tú que eso es lo que más me gusta.

Él - Ahhhhhhh. Por cierto, tengo que contarte algo. El otro día me enteré de algo, que todo se sabe. Ya te contaré.

Yo - No te preocupes, no me interesa nada de comentarios. Ya sabemos cómo somos algunas personas. Bueno, tengo que dejarte. Ya hablamos en otro momento. Que tengas buen día.

Él - Vale, ya te avisaré para ir a verte.

¿Por qué te cuento esto?

Bien, porque cuando las circunstancias eran buenas para él todo era perfecto. Pero cuando las cosas cambiaron y él no encontraba esa estabilidad que andaba buscando, no aceptaba que a mí me fueran bien las cosas, y lo que estaba oyendo por teléfono no le estaba gustando. Le salió su ego y ¿qué quería conseguir? Con su última frase descolocarme y hacerme sentir mal.

Lo que me dijo de que todo le iba bien no era verdad y eso se nota. Cuando una persona tiene en su vida ese equilibrio y es feliz no necesitas decirlo, con los hechos son suficientes. Tengo que decirte que por un momento consiguió hacerme sentir mal, esa sensación en tu cuerpo de malestar, y pensé que no iba a llamarlo más.

Cuando tengas esa sensación de malestar y nerviosismo con cualquier persona, es mejor apartarlas de tu vida.

¿Cuántas veces te ha pasado que piensas que una persona nunca te engañará o traicionará porque el comportamiento contigo es bueno y luego te enteras de que no era lo que tú pensabas?

No te fíes de nadie.

TORMENTA MENTAL

Esta noche, la tormenta arrecia

Aun cuando la luna llena ilumina

Las nubes cubren mi alma perdida

Los rayos reabren la antigua herida.

Una tormenta mental es ese estado en el que te surgen muchas ideas negativas y tiene una fuerza brutal que nos puede bloquear.

Es como si de pronto no supieras qué rumbo seguir. La tormenta mental suele venir de una experiencia muy fuerte. Una decepción amorosa, un despido, una pérdida de un ser querido o puede producirse también después de una larga temporada donde hemos estado aguantando situaciones no deseadas por nosotras.

No necesitarás resolver todos los problemas. Simplemente no estamos cómodas con la vida que estamos llevando y llega un momento en el que se produce un rompimiento y lo desarma todo.

Se trata de un estado en el que estás pesimista. Todo lo ves negro y solo sientes que no tienes ganas de avanzar. Te da igual todo y no queremos hacer nada, simplemente quedarnos ahí sin más.

Es normal que en algún momento de nuestras vidas pasemos por esa tormenta mental.

Yo te diría, primero de todo, tranquilízate. Piensa en una tormenta meteorológica. Hay que buscar un refugio donde puedas estar tranquila y segura, visualiza la tormenta pasando por encima de ti. TÚ ya estás segura, estás por debajo de la tormenta como si la vieras desde fuera.

Debes encontrar la serenidad. Respira profundamente durante 10 minutos, puedes dar un pequeño paseo. Mientras haces tus respiraciones pausadamente, a medida que te vas calmando, piensa qué ideas son las que te provocan esas tormentas mentales.

Luego visualiza un camino largo solo para ti, donde todo es verde y se respira aire fresco.

La pregunta sería: ¿qué puedo hacer para seguir ese camino que me llevará a mi plenitud como mujer?

¿Qué necesito para poder tomar el camino?

¿Qué quieres?

¿Un abrazo?

¿Que te digan que te quieren?

¿Hacer un poco de ejercicio?

¿O simplemente necesitas tu espacio para pensar que no lo tienes?

Sea lo que sea, será válido.

Cuando hayas detectado lo que te haría sentir bien, no lo dudes. No esperes, ve tras ello.

Si no actúas rápido es como **NO** hacerlo.

Si no detienes esa tormenta a tiempo te sentirás cada vez peor.

Cuando tenemos esas tormentas se produce un colapso entre nuestros pensamientos y nuestras emociones, y no vemos la realidad. Todo lo vemos mucho más grave y muy difícil, nos vienen miedos e inseguridades.

Hay que volver a recuperar la serenidad y tomar el control de nuestra vida.

Si estás en esta situación te diría: deja todo lo demás de lado y céntrate en **TI.**

Tu mente y corazón tienen que estar en equilibrio.

Y, sobre todo, ten en cuenta que después de la tempestad llega la calma.

9.

UN PLAN PARA LOS CAMBIOS

El cambio personal es una acción voluntaria para mejorar tu estado de vida y tener un mejor desarrollo, así que lo que primero que tenemos que hacer es querer hacerlo.

El cambio, por lo general, entra en nuestra vida de un resultado de una crisis. Raras veces es por una elección y cuando este momento llega, sea de una manera u otra, es cuando nos planteamos **¿Qué hago con mi vida?.** No podemos evitar que nos lleguen cosas inesperadas que desafiarán nuestra comodidad, pero lo que sí podemos controlar es la forma en la que tendemos a reaccionar ante ellos.

Cuando tengamos más oportunidades para cambiar y saber que lo puedes conseguir, serás mucho más feliz.

También llegarán a tu vida personas nuevas con nuevos proyectos y oportunidades que te harán crecer en todos los sentidos. Estas personas increíbles no tienen nada que ver con tu vida anterior.

Te propongo que hagas un ejercicio para que puedas tener más claridad con lo que quieres y hacia dónde vas.

Escribe en una hoja de papel:

1) Un escenario de cómo sería la vida que te gustaría tener, cómo te sentirías, cuál sería el entorno, dónde y cuándo te gustaría.

2) Cómo te comportarías si ese cambio ya fuera real.

3) En qué sería valioso ese cambio.

4) Cómo te verías en él.

En una segunda hoja:

1) Escribe la situación actual que no te gusta.

2) Qué es lo que te hace no tomar decisiones.

3) ¿Por qué crees que sigues atrapada en tu estancamiento?

4) ¿Sientes que tienes unas creencias o algún pensamiento que te ata a esta situación?

5) ¿Qué comportamiento tuviste, emociones y capacidades para llegar a tu objetivo?

6) Y de todo esto, ¿qué crees que podrías poner en práctica?

*"Si deseas lograr cosas valiosas
En tu vida personal y profesional,
Debes convertirte en una persona
valiosa en tu propio desarrollo personal".*

Brian Tracy

Cuando hagas este ejercicio te darás cuenta de esos pensamientos que tienes. Analízalos y empieza a cambiarlos. Verás los resultados pronto. Es más sencillo de lo que parece.

Es importante que valores todo lo que has conseguido hasta ahora, con tus miedos, inseguridades y falta de decisión por el "qué dirán", pero lo conseguiste por eso.

Has de pensar en algún acontecimiento que tuviste anteriormente y saliste victoriosa.

"Mejorar es cambiar, así que para ser perfecto hay que haber cambiado a menudo"

(Winston Churchill).

10.

VALENTÍA

La valentía es un derecho que todo el mundo tenemos desde nuestro nacimiento y está dentro de nosotros. Naciste con ella y puedes utilizarla siempre que tú quieras. Solo tienes que encontrarla y saber cuándo tienes que utilizarla. Normalmente cuando la necesites estarás sola.

¿Eres realmente valiente?

¿Piensas que en alguna ocasión no lo fuiste?

La valentía no es tirarte a la piscina sin mirar. Tienes que analizar los pros y los contra, y asumir las consecuencias que esto te pueda acarrear.

En este capítulo te enseñaré lo que es ser valiente y que analices si lo eres o no.

Valentía es tener la firmeza y decisión de hacer frente a tus miedos, dudas e inquietudes a pesar de los obstáculos y desafíos que puedas encontrarte en el camino.

Si tú eres valiente, serás una persona que gestiona tus emociones, tienes buenas aptitudes, positiva y mucha voluntad.

Tendrás claridad en tus ideas y sabrás muy bien lo que quieres, pero sobre todo lo que no quieres y conseguirás hacer frente a tus miedos.

No tendrás miedo a equivocarte y mucho menos a pensar lo que los demás puedan opinar de ti.

Si eres así**, FELICIDADES**.

Pero si no lo eres no te preocupes. ¡**YO** tampoco lo era!

La valentía es algo que se puede trabajar para mejorarla, poco a poco, pero con una continuidad lo **CONSEGUIRÁS**.

LA COLA DEL LEÓN

En una pequeña aldea vivía un niño llamado Leo.

Era un chico delgado y bajito, y vivía siempre con el miedo en el cuerpo pues algunos chicos del pueblo vecino acosaban al pobre Leo y trataban de divertirse a su costa.

Un día, un joven mago que estaba de paso por la aldea vio las burlas. Cuando los chicos se marcharon, se acercó a Leo y le regaló una preciosa cola de león con una pequeña cinta que permitía sujetarla por la cintura.

Es una cola mágica. Cuando la persona que la lleva actúa valientemente, esa persona se convierte en un fierísimo león.

Después de ver los poderes de aquellos jóvenes magos algunos días antes, durante sus actuaciones, Leo no dudó de sus palabras, y desde aquel momento llevaba la cola de león colgando de su cintura, esperando que aparecieran los chicos malos para darles un buen escarmiento.

Pero cuando llegaron los chicos, Leo tuvo miedo y trató de salir corriendo.

Sin embargo, pronto lo alcanzaron y lo rodearon. Ya iban a comenzar con las bromas y empujones de siempre, cuando Leo sintió la cola del león colgando por su cintura.

Entonces el niño, juntando todo su coraje, tensó el cuerpo, cerró los puños, se estiró y levantó la cabeza. Miró fijamente a los ojos de cada uno de ellos, y con toda la calma y fiereza del mundo, prometió que, si no le dejaban tranquilo en ese instante, uno de ellos, aunque solo fuera uno, se arrepentiría para siempre. Hoy, mañana o cualquier otro día. Siguió mirándolos a los ojos, con la más dura de sus miradas, dispuesto a cumplir lo que decía. Leo sintió un gran escalofrío.

Debía de ser la señal de que se estaba trasformando en un león porque las caras de los chicos cambiaron su gesto. Todos dieron un paso atrás, se miraron unos a otros y finalmente se marcharon de allí corriendo.

Leo tuvo ganas de salir tras de ellos y destrozarlos con su nueva figura, pero cuando intentó moverse sintió sus cortas piernas y normales, y tuvo que abandonar esa idea.

No muy lejos el mago observaba sonriente y corrió a felicitar a Leo.

El niño estaba muy contento, aunque algo desilusionado, porque su nueva forma de león hubiera durado tan poco, y no le hubiera permitido luchar con aquellos chicos.

—No hubieras podido, de todas formas —le dijo el mago—, nadie lucha contra los leones, pues solo verlos y saber lo fieros y valientes que son, todo el mundo huye. ¿Has visto alguna vez un león luchando?

—¡Es verdad! No recordaba haber visto nunca un león luchando. —Entonces Leo se quedó pensativo, mirando la cola del león.

Y lo comprendió todo. No había magia, ni transformaciones, ni nada; solo un buen amigo que le había enseñado que los abusones y demás animalejos cobardes nunca se atreven a enfrentarse con un chico valiente de verdad.

Así que te animo a que saques ese león que llevas dentro. Te sorprenderás de lo que tu vida puede cambiar.

11.

5 PASOS PARA TU CAMBIO PERSONAL

¡Felicidades! Querer hacer un cambio en el tema personal te llevará a una trasformación tanto física como espiritual, porque el sentirse bien con una misma es lo mejor que te puede pasar para sentir esa paz, y poder afrontar todo lo que te pueda venir. Es como tener más fuerza.

Verte guapa, el cuerpo erguido, pasos firmes, cabeza alta… Eso te dará una seguridad impresionante y además es lo que trasmitirás, porque tú te vas a sentir así. Fuerte.

Cuando vienen personas a mi salón y me piden un cambio yo siempre les digo "¿qué te gustaría?" y me contestan "no sé, algo distinto".

Cuando me contestan eso, la solución no está en el cambio físico. Está en el cambio interior, pero sí la va ayudar mucho para sentirse un poco más segura.

Siempre necesitará la aprobación de otras personas externas porque ella no tiene esa seguridad de lo que quiere, así que, si alguna vez te ha pasado esto, te diría que tengas cuidado con lo que te puedan decir personas externas. Te pueden ayudar si lo que te dicen que estas más guapa o te pueden hundir si es lo contrario. Los comentarios que te den externos esas personas te van a trasmitir, aunque sin mala intención, cómo se sienten ellas.

Y cuidado con las envidias. Eso puede ser también porque ellas no se atreverían a hacer lo que tú has hecho.

Ese cambio que ella está pidiendo es para gustar a los demás, y tienes que tener en cuenta que lo primero que tienes que gustar es a ti misma, hay una carencia a nivel afectivo, tanto puede ser como de pareja, familia o amistades.

Así que ya has tomado la decisión de hacerte ese cambio físico, vamos al cambio personal.

Consciencia: ahora que ya sabes que necesitas ese cambio personal y no te dejan avanzar, es importante que realmente seas consciente de que quieres hacerlo. La conciencia es un sentimiento interior que te ayudará para tu cambio. Solo te llevará unos minutos para que seas consciente de que es algo que hace tiempo estabas buscando. Ahora tienes la fuerza para poder conseguirlo y lo harás.

Claridad: aquí tienes que ser realmente honesta contigo misma. Motivos y acciones, no te engañes a ti misma. ¿Sabes qué es lo que quieres y hacia dónde vas? Tómate tu tiempo, incluso puedes compartir tus pensamientos con alguna persona de confianza.

Decisión y compromiso: aquí eres únicamente TÚ la persona que puede cambiar tu situación. Eres una persona que ya tomaste la decisión de tener un gran cambio para tu vida. Aunque todos necesitemos en algún momento ayuda exterior, el compromiso será solo tuyo.

Comunidad: ya que has tomado conciencia y el compromiso de actuar, tienes que mirar más allá de ti.

¿Qué cambios puedes hacer en tu familia?

¿Dónde y cómo puedes tomar decisión para que la situación mejore?

Continúa: continúa, continúa y nunca desistas. El cambio es un proceso largo y muy gratificante cuando te vengan desafíos que tendrás que salvar. Piensa en el motivo que te hizo cambiar. Eso te dará fuerza para continuar porque los cambios que tendrás serán resultados de por vida.

12.

CAMBIO DE HÁBITOS

Los cambios de hábito es algo a lo que muchas veces nos resistimos por estar tanto tiempo haciendo las mismas cosas. Habrá momentos de plantearte si realmente vale la pena y sí lo harás. Nunca dudes, solo compruébalo.

En 1960, el cirujano plástico **Maxwell Maltz** definió la duración de **21 días** para crear un hábito, pero más tarde se vio que las neuronas no eran capaces de asimilar de forma completa un nuevo hábito, siendo muy probable de abandonar.

Se hicieron estudios posteriores por la University College de Londres y descubrieron que, como medía, en realidad son necesarios **66 días** para incorporar una nueva rutina que se mantenga en el tiempo.

Algo totalmente nuevo, alejado de nuestra rutina habitual, quizás requiera más tiempo de práctica que, por el contrario, tener un hábito mucho más cercano y sencillo para nosotros.

El cambio de hábito yo lo identifico como el subir una montaña donde para llegar a la cima encuentras piedras en tu camino.

No es fácil. Encontrarás obstáculos que tendrás que desafiar, pero con tu perseverancia y determinación lo conseguirás.

La meta es posible.

Dar el primer paso es lo que necesitas para el gran cambio.

Cree en ti misma. Visualízate a la persona que quieres llegar a ser y aleja los pensamientos de derrota y declara:

SÍ PUEDO LOGRAR UN CAMBIO.

Tienes que pensar en positivo, pero a la vez realista, para que nuestra mente nos de ese empujón de motivación.

Te diré algunos cambios que yo hice y así poder conseguir mi propósito.

El saber no ocupa lugar: es bastante incómodo cuestionarse todo y no dejarse llevar por las respuestas preconcebidas, comenta Malli Gurram, quien recomienda no dar por sentado nada. Aprende algo nuevo cada día y no te preocupes si se te olvida. Tu memoria mejorará a medida que lo vayas haciendo y te será más fácil y se ejercitará. Es cuestión de práctica. Yo siempre digo "solo sé que no sé nada".

Sé honesto: cuenta con lo que tienes y con lo que te gustaría tener. Haz una lista con tus propósitos de sentimientos, tanto si son buenos como malos. Aprovecha al máximo tus emociones y sé más consciente de las cosas que de verdad te importan analizando lo que realmente significan para ti. No mires hacia los lados, mírate a ti.

Medita: está demostrado que los ejercicios de meditación nos ayudan a reducir el estrés, mejoran nuestra memoria y mantienen sano el corazón. Entre los beneficios de meditar se incluye la mejora de la capacidad emocional y la autoestima en general. No tienes que dedicarle medía hora ni ponerte el pantalón de yoga, con simplemente unos minutos serán suficientes.

Cuando lo pruebes verás los resultados muy pronto y es muy gratificante para tu bienestar emocional.

Madruga: se suele decir que no por mucho madrugar amanece más temprano, pero también hay un dicho que dice que a quien madruga Dios le ayuda. En consecuencia, tendrás una vida mejor y más saludable. Cualquier pequeña acción que puedas hacer para ayudar a los demás puede hacerte sentir muy satisfecha.

Y si te pones el despertador un poco antes mejor que mejor. Cuando lo pruebes y veas todo lo que puedes hacer mientras los demás duermen te gustará. Tendrás ese momento de poder, desconectar en silencio y conectar contigo misma y, de paso, aprovechas para hacer más cosas.

Haz algo creativo: eso que siempre quisiste hacer y por falta de tiempo no lo hiciste. Tendrás la sensación de que aprovechas el tiempo en algo que realmente te gusta. Ahora es el momento.

Controla los gastos: mantener un registro de gastos te ahorrará mucho dinero y algún que otro dolor de cabeza. Es algo simple. Cada vez que saques dinero de tu bolsillo coge el ticket, guárdalo en un sobre y un día a la semana puedes elegir el día que te vaya mejor.

Yo te aconsejo que sea a principio de semana. Lo vas apuntando, así verás en qué gastas y si realmente era necesario. Te puedo asegurar que con este ejercicio, cuando yo lo hice por primera vez, no me podía creer lo que se gasta en cosas inútiles que no son necesarias. Cuando lo compruebes te será muy relajante saber que tu economía está controlada.

Apaga el móvil: sí, somos capaces de desconectar al menos durante unos minutos y no estar permanentemente pendientes. Si nos han contestado o no a un mensaje, si nos están llamando, si alguien ha subido una foto nueva a determinada red social… Tenemos que sentirnos libres de nuestra mente, mejorando cada día y así también estaremos más pendiente de las personas de quienes nos rodeamos. Menos tecnología y más contacto humano.

Ponernos metas casi inalcanzables: pero, ¿esto no resultará frustrante? Rizwan Aseem asegura que no.

Al contrario, tendrás que usar toda tu fuerza física y mental para conseguir alcanzar ese complicado objetivo, lo que mantendrá tu mente y cuerpo joven y saludable. Dedica cada día un rato a tu meta supuestamente imposible y poco a poco dejará de serlo.

Y por último y no menos interesante…

Alimentación: cuida tu alimentación. He podido descubrir que nos sobrealimentamos, cosa que no es beneficioso para la salud ya que nos resta energía. Vivimos en una sociedad en la que todo lo celebramos comiendo. Procura comer alimentos que sean lo más frescos posibles como verdura, fruta, etc. y aléjate de las comidas precocinadas. Antes de comer escucha tu cuerpo y pregúntate "¿realmente tengo hambre?" porque muchas de las veces no es hambre, es sed.

Con una buena alimentación conseguirás mayor rendimiento tanto físico como mental. Y el resultado será tener mayor concentración en todo lo que haces y serás más consciente de tus actos.

Tienes que distribuir los alimentos en 4 o 5 comidas diarias.

Reduce el tamaño de las porciones, frituras y dulces o chocolate.

Reduce la azúcar, sal, golosinas y alcohol.

Intenta suplementarte. La alimentación de hoy en día es muy carente de vitaminas.

Bebe agua. El cuerpo está compuesto aproximadamente de un 80 % de agua. Es vital para el organismo y la piel. Se dice que cuando tienes sed, hace aproximadamente 30 minutos que tenías que haber bebido. No te preocupes que no te vas a deshidratar si alguna vez has sentido que tienes sed, pero es conveniente no esperar a tenerla.

Practica deporte: muévete. El estar activo, entre otras cosas, hace que haya menos riesgos de enfermedades. Huesos más fuertes, más resistencia, mejor estado de ánimo, disminuye el estrés y mejora el sueño.

No descuides tus horas de descanso. Necesitas relajación y descansar plenamente. Si puedes vete antes a la cama pronto y levántate antes. No tomes ninguna decisión durante la noche, no hay nada que no pueda esperar (a no ser una enfermedad o algo drástico). Por la mañana es cuando se toman las mejores decisiones. Tu mente y cuerpo están relajados, por lo tanto, las decisiones serán más apropiadas.

Cuando empieces a hacer estos cambios irás dándote cuenta de que empiezas a tener más claridad mental, más resistencia y eso te dará ánimos a seguir. No hace falta que seas radical, empieza con poco y cada día un poquito más. Tú serás tu propio reto.

Lo bueno de esto es que **TÚ** puedes cambiarlo, solo tienes que quererlo.

"Somos lo que hacemos día a día
De modo que la excelencia no es
un acto, es un hábito".

13.

¡VAMOS A POR TUS METAS!

Las metas vamos a definirlas como un objetivo final. Se originan de la necesidad de conseguir tu propósito y es a partir de donde estás donde surgirán los pasos a seguir que te harán motivarte. Para que se te realicen tienes que ser muy clara y bien definida.

Hay que ser realista y ajustarse a las oportunidades del momento. Sobre todo, tienen un límite de tiempo. Es importante poner la fecha en la que quieres que se te materialice.

Metas a corto plazo: son aquellas que tardan menos en tener los resultados pues la tienes que empezar ya en el momento. "Corto plazo" son días o semanas. Están por venir y suelen ser fácil de conseguirlas.

Ejemplo: ser más puntual en el trabajo, caminar todas las mañanas una hora, cuidar mi alimentación, ir al gimnasio, ser más ordenada, no fumar más de tres cigarrillos al día, etc.

Metas a mediado plazo: son metas que tardan más de un año y menos de 5 en tener resultados. Estas requieren una planificación, es importante que lo hagas.

Sin planificación no llegaras a ningún lado. El resultado final que quieras conseguir divídelo en meses y luego en días y así cada día se te hará más fácil. Verás que se puede conseguir y las convertirás en metas a corto plazo.

Ejemplo: si decides hacer un viaje en el próximo año a un lugar donde te gustaría ir, tienes que planificar vuelos, estancia, rutas y hacer previsiones de si necesitas vacunas, saber qué tiempo hará, etc.

Metas a largo plazo: estas requieren de un tiempo largo (más de 5 años, incluso de 10). En ocasiones estas metas pueden llegar a ser visiones, por lo tanto, tienen que estar muy bien estructuradas y con objetivos muy bien definidos. Estas metas su resultado tiene mucho que ver del cumplimiento que hayas tenido en los años anteriores con el resultado de las metas del corto plazo y mediano plazo.

Ejemplo: tener tu propia empresa, tener esa casa que siempre te gusto vivir, tener una carrera determinada, dejar de fumar, bajar de peso, etc.

Las metas son algo fundamental para el desarrollo de toda persona. Es el impulso que toda persona necesita para enfrentar los retos. Estar motivada es muy importante para tener la constancia del sacrificio que en algunos casos será necesario.

Organiza tus prioridades y nunca desistas en conseguir lo que deseas.

Las desventajas que puedes tener de no conseguir tus objetivos es el no tenerlos bien estructurados en tu planificación, el no estar motivados y no ser realistas.

Te pondré un ejemplo de una meta generalizada: encontrar el amor.

Hay personas que pasan mucho tiempo solas y cuando deciden encontrar una pareja siguen actuando de la misma manera. No saliendo, esperando que esa persona toque a su puerta y teniendo conversaciones que son totalmente opuestas a su intención. Eso es un objetivo poco realista. Sin embargo, estar abierta a conocer personas te da la posibilidad de que el amor aparezca. Pero también te puede traer frustraciones si no se tiene en cuenta que el resultado tiene que ver mucho con el azar.

Recuerda: **CLARIDAD → RESULTADOS → ÉXITO.**

Hay un dicho que dice:

> *"Los humanos nos hacemos viejos demasiado pronto y sabios demasiado tarde".*

No puedes gestionar algo si no lo controlas con constancia. Lo que es medido crece irremediablemente.

"LAS METAS SON SUEÑOS CON FECHA DE CADUCIDAD".

Los cuentos que yo cuento.

En cierta ocasión se quejaba un discípulo a su maestro.

—Siempre nos cuentas historias, pero nunca nos revelas el significado.

El Maestro le replicó.

—¿Te gustaría que alguien te ofreciera una fruta y la masticara antes de dártela?

FIJAR METAS ALTAS

Un Maestro quería enseñarles una lección especial a sus alumnos y para ello les dio la oportunidad de escoger entre tres exámenes, uno de cincuenta preguntas uno de cuarenta y uno de treinta.

A los que escogieron el de treinta les puso un C sin importar que hubieran contestado correctamente todas las preguntas.

A los que escogieron los de cuarenta les puso una B aun cuando más de la mitad de las respuestas estuvieran mal.

Y a los que escogieron el de los cincuenta les puso un A, aunque se hubieran equivocado en casi todas.

Como los estudiantes no entendían nada, el maestro les explicó.

-Queridos alumnos, permítanme decirles que yo no estaba examinando sus conocimientos, sino su voluntad de apuntar a lo alto.

EL PODER DE LOS 5 SEGUNDOS de Mel Robbins.

Fue un libro que me hizo tomar acción y no pensar si lo tenía que hacer o no. La técnica que ahí describe es que cuentes 5,4,3,2,1… y lo hagas. No se trata de que sea fácil, simplemente hace que suceda.

Suena el despertador y miras la hora, aunque ya lo sabes, lo haces todas las mañanas. Coges tu móvil, te paras a mirar un momento los mensajes que te entraron, las noticias, miras el correo, empiezas a contestar y hay un momento en el que te paras a pensar "¿cómo te ira tu día hoy?". Y de pronto vuelves a mirar el reloj. ¡No puede ser! Qué rápido pasó el tiempo y te das cuenta de que no has hecho nada de lo que tenías previsto. Haces un salto de la cama, vas directamente a la ducha y sales dispuesta a ir a trabajar. Como muchos días ni te has parado a desayunar; no te dio tiempo.

¿Cómo crees que irá el día? Fatal, esta fue una de las costumbres que tuve que eliminar de mi rutina y te diré que si TÚ también la tienes no lo dudes. Quítatela YA.

Cuando estás actuando de esta manera estás llevando la vida de los demás. Te dejas llevar por lo que puedes encontrar en las noticias, y desgraciadamente, no es nada bueno. No le estás dando prioridad a la tuya propia.

Aplicar esta técnica fue muy útil para mí. Cuando suena el despertador cuentas 5,4,3,2,1... y te levantas sin pensarlo.

Cuando empieces a aplicarla te darás cuenta del tiempo que has perdido y tendrás muchos más pensamientos positivos que negativos. Cuando cambias tu configuración mental, esos pequeños cambios van sumando hasta llegar a ese gran cambio de la persona que eres actualmente.

No hay nada más gratificante, y que te haga tener una gran sensación de confianza, que cuando te das cuenta de que te enfrentas a todos los retos que te plantea la vida para conseguir un mayor resultado.

No tengas miedo de empezar. Cuando tienes este sentimiento es que estás a punto de hacer algo que requiere un gran valor. Yo sé que si has llegado hasta aquí es que TÚ lo tienes.

O dominas tu día o el día te dominará a ti.

14.

MEDITACIÓN

La meditación es un método en el que conectarás con tu mente, ¿me acompañas?. Te ayudará a tener más conexión con tu interior y así irás mejorando el entendimiento de tu vida y puedes evolucionar en todos los aspectos.

A mí particularmente me encanta. Te dejas llevar, no piensas en nada, y te van viniendo pensamientos y situaciones para mejorar tu día a día. No tenemos tiempo para pensar ni queremos hacerlo. Estamos demasiado inmersos en cosas rutinarias y tu **YO** lo estás dejando de lado. Eso nos impide tener la claridad que necesitamos.

Es una lástima que muchas de las personas no conozcan esta técnica porque les permitiría potenciar cualidades positivas y desechar las negativas, consiguiendo un estado profundo de calma. La meditación puede llegar a ser unas de las prácticas más poderosas en nuestras vidas. Podemos llegar a conseguir ser mucho más pacientes, felices y sentir mucho bienestar.

Meditar todos los días es uno de los cambios más importantes que he hecho en los últimos meses. No tiene nada que ver que seas más o menos espiritual.

Es encontrar ese momento, dejar tu mente en blanco. Dejar que te vengan esos pensamientos positivos que es fundamental para tu día, pero es algo que aún hoy en día no suena demasiado bien o se extrañan las personas cuando les dices los beneficios que puede traer consigo meditar.

Yo empecé a meditar porque sentía necesidad de mirar hacia mi interior y, sobre todo, quería encontrar un significado a todos los mensajes que me llegaban durante el día. **En el volumen 2 "El cristal donde te miras"** te contaré cómo me llegaban a mí esos mensajes que me hicieron tener una confusión de mi propia persona y saber si era real lo que me estaba pasando, esas imágenes y sueños que me llegaban a través de mi inconsciente.

Y esa claridad la encontré a través de la **meditación.**

No hace falta mucho tiempo para empezar. Con cinco minutos al día son más que suficientes, así que me dije que durante una semana lo probaría.

Al día siguiente por la mañana, nada más despertarme, me puse cómoda en modo relajación tumbada en la cama, con los brazos extendidos. Cerré los ojos y empecé con el ejercicio. Solo tenía que concentrarme en mi respiración. Espirar, inspirar, espirar, inspirar… Yo creo que no llegué ni a tres minutos.

"Hay un circo en el pueblo. Tendría que ir, me gustaría…".

Uf… "Concéntrate".

Espirar, inspirar, espirar, inspirar.

Cuando vaya al trabajo lo primero que tengo que hacer…

Uf… "Concéntrate".

Espirar, inspirar, espirar, inspirar>>.

No conseguía concentrarme, pero seguí con mi propósito de hacerlo durante la semana.

Comenzar una y otra vez fue la práctica de que un día llegas a la meditación "real".

Cuando entiendes la lógica detrás de los beneficios de hacer algo tan simple como dedicar cinco minutos de tu día a hacer las meditaciones (concentrarse en espirar e inspirar), te llega esa vocecilla que te conecta con ese hilo mental que te está todo el día juzgando. Por lo que podía haber sido, por lo que podrá ser… Y es tan simple como conectar con el qué está siendo ahora. Ahora mismo, el PRESENTE.

Cuando encuentras los beneficios de la meditación ya no puedes dejar de hacerlo. Es algo que yo recomiendo mucho cuando una persona está en esa indecisión de personalidad y no sabe por dónde tirar. Es algo simple y sencillo. Solo será con la práctica y la repetición que pronto verás los resultados. Yo te diría que no tengas miedo de ver tu interior, tu presente. Es algo bonito el conocerte y ver esa gran persona que llevas dentro y poder mejorar todo lo que te está incomodando en tu presente.

Imagínate, te conviertes en una persona plenamente satisfecha y feliz.

Comprendes el significado de la vida y su existencia.

Te liberas de todos tus miedos.

Te llenas de energía positiva.

Tienes más creatividad.

Hay un estudio de la Universidad de Leiden (Países Bajos) en el año 2012, y otro realizado posterior en el año 2014, donde encontraron que ciertas técnicas de meditación pueden promover el pensamiento creativo.

Las reacciones inflamatorias al estrés se redujeron después del entrenamiento de la meditación, por lo tanto, reduce el estrés.

Otro estudio elaborado por investigadores de la Universidad de Waterloo (Canadá) halló que solo 10 minutos de meditación ayudan a las personas ansiosas a tener un mejor enfoque. Se redujo los incidentes de pensamientos repetitivo, algo fundamental para reducir la ansiedad.

La meditación también alivia el dolor. Un estudio de la Universidad de Leeds Beckett (Reino Unido) publicó en junio de 2017 que la meditación podría ser una alternativa más barata a los analgésicos tradicionales.

Una sola sesión de meditación de 10 minutos de atención plena administrada por un terapeuta puede mejorar la tolerancia al dolor, el umbral del dolor disminuir la ansiedad hacia el dolor.

En la vida todo tiene un significado y debes afrontar la cantidad de problemas que, aunque sean distintos, todos se originan en tu mente.

También puedes buscar la solución a los problemas individuales.

Y, por otra parte, puedes practicar la meditación, ya que los afrontarás de una manera muy distinta.

Hay distintas técnicas de meditación, pero son tres las más comunes:

Contemplación: es un tipo de meditación muy positiva para tener mayor atención ante la vida y todo lo que ella te ofrece. Te permite estar más conectado con el presente.

Concentración: esta es una meditación donde te enfocas en un determinado objeto de la meditación. Puede ser la respiración, una imagen y esta es muy positiva en la concentración y la capacidad de enfoque hacia las cosas, al estar enfocado te vuelves más productiva y eficiente.

Transcendencia: esta técnica es para introducirte en lo más interno de la consciencia. Libre de cualquier control mental o pensamiento, esta meditación te ayuda a desconectar totalmente, permitiéndote un descanso profundo del cuerpo y mente. En consecuencia, es muy beneficiosa para combatir el estrés y la ansiedad.

El premio Nobel de Medicina, Elizabeth Blackburn, es reconocida por su trabajo estudiando la telomerasa, una enzima celular involucrada en el envejecimiento.

Blackburn ha identificado diversas actividades que promueven la protección de los telómeros, entre ellas el ejercicio y la meditación.

La razón por la que estas actividades promueven el bienestar y nos mantienen jóvenes, se debe a que combaten el estrés oxidativo y ayudan a mantener los telómeros.

Blackburn ha documentado que ciertos tipos de meditación, como el *mindfulness* y la meditación trascendental tienen efectos saludables en estas enzimas.

Esto resulta lógico en tanto a que estas técnicas de meditación fundamentalmente enseñan una observación del presente no reactivo, sin juzgar los acontecimientos, evitando el pensamiento obsesivo, que es en gran medida la fuente de estrés.

Los hallazgos coinciden con ciertas leyendas tradicionales en las que los grandes maestros meditadores suelen ser representados como personas enormemente longevas, a veces incluso inmortales.

Más allá de estas leyendas, es indudable que la meditación puede contribuir seriamente no solo a mejorar la calidad de la vida, sino alargarla.

Hace un tiempo un cliente me decía que llevaba años sin poder dormir bien, que dormía muy poco. Él lo achacaba a que se estaba haciendo mayor, pero que notaba que durante el día no estaba a pleno rendimiento, pero ya casi se había acostumbrado a ello. Le comenté que eso no era normal y que detrás de ello había un motivo.

Le pedí permiso para poder preguntarle algunas cosas de su vida porque le dije que yo podía ayudarle a conseguir un mejor descanso. Se quedó muy extrañado. Dijo que a eso ya no le veía solución porque en su día se lo comentó al médico y solo le mandaron medicación para poder dormir, algo a lo que él se negó, pero aun así me dijo que no tenía problema y que podía preguntarle.

Era un señor pasado los setenta años. Toda su vida trabajando y cuando llegó su jubilación pensó que podía disfrutar un poco de su familia e hijos. Se encontró que, poco tiempo después, su señora empezó a encontrase mal y le diagnosticaron demencia, una enfermedad por la que se le van olvidando las cosas. Cada vez iba a más y eso le preocupaba mucho.

Empecé a preguntarle preguntas muy comunes que no parecían que pudieran tener trascendencia y empezó a decirme que él, cuando se metía en la cama, empezaba a pensar en todo lo que tenía que hacer al día siguiente. No tenía mucha memoria y no quería que se le olvidará.

Tenía que ir a la piscina, hacía deporte, pensaba si tenía que pagar algún recibo al día siguiente, buscar a los nietos al colegio, hacer la lista de la compra... porque a su señora no podía dejarla mucho tiempo sola.

Se le notaba que le gustaba contármelo; se sentía bien.

Atentamente yo lo escuchaba y le sugerí que anotara todo en una libreta y así no tendría que pensarlo por la noche. Pero también le hable de la meditación.

—No sabía lo que era. ¿Qué tengo que rezar? —me dijo.

Le explique más o menos en qué consistía, pero sin darle demasiados detalles. Le dije que lo probara y que luego me contara.

—Encuentra un lugar en tu casa en el que estés cómodo. Tu cama o el sofá, donde puedas estar unos minutos solo conectado con tu mente y concéntrate en la respiración.

—¿Solo tengo que hacer eso?

—Sí, solo eso.

Me dijo que lo haría, que no perdía nada con hacerlo, que parecía fácil, pero no estaba muy convencido de que aquello de la meditación le fuera a funcionar. Pasado un mes y medio aproximadamente lo volví a ver. Me sorprendió su expresión de la cara había cambiado, incluso parecía más rejuvenecido. Me comentó que empezó a hacer las meditaciones y que había conseguido dormir un poquito más, estaba más descansado y su señora lo había empezado a hacer con él. Aún me da las gracias cuando me ve porque llevaba años sin descansar por dormir muy poco.

A mí me ayudó mucho con la pérdida de mi padre. Fue su partida de un día para otro y mi cabeza no lo asimilaba.

Nunca me gustó el tema de la muerte.

Lo evitaba, pero todo pasa por algo y a través de lo que me ocurrió mi cuerpo hizo un cambio. Ahora lo veo de distinta manera. **La vida es un paso hacia la libertad** y cuanto antes nos demos cuenta, mejor viviremos en esta vida. Hay una frase que me gusta mucho y dice bastante: **la vida es un teatro.**

Intentamos gustar a todo el mundo, ser acogidos por la sociedad, queremos tener más, vivimos en el egoísmo y la crítica está a la orden del día.

Ya no sabes si con quien estás hablando, o la propia gente de tu entorno, está siendo sincero o no.

15.

¿SIENTES DESDE EL AMOR O DESDE LA RAZÓN?

El amor y la razón no están en contra uno del otro. Van unidas desde el equilibrio, pero muchas veces nos pasa que no sabemos cómo hacerlo.

Pero si **TÚ** te permites sentir ese amor, todo en tu vida se alinea y encuentras a tu pareja de amor, tu alma gemela o la persona con quien quieres compartir tu vida. Además, todo tu alrededor mejora. Tus amistades, familia, tu autoestima, tu confianza en la vida, tu fe se fortalece… En definitiva, todas las áreas de tu vida porque están conectadas.

Cuando estás bloqueada y sentimos rencor no nos gustamos. Hay un rechazo de todo lo que venga del amor. Lógicamente no podemos recibir de los demás y mucho menos de una pareja o nuestro entorno.

Tenemos que, primero de todo, sanar nuestras heridas. Una vez que estés bien contigo misma, sentirás esa necesidad de dar amor y también de recibirlo.

Pídelo, atrévete a vivir en el amor.

Y si en ti sientes rabia, ira, rivalidad, egoísmo, cosas negativas… Tienes que aceptarlo: ¡todos tenemos un lado oscuro, pero si estas desde el corazón pues **LO SANAS**! Pero, por el contrario, si lo niegas estás proyectándolo hacia otra persona, y es cuando decimos "es un envidioso, egoísta…", y no te das cuenta de que eres **TÚ**. Estás volviendo a mirarte desde el espejo.

Todos estamos conectados y somos uno. No te creas superior a nadie cuando te ves independiente a los demás. Es tu realidad, una realidad ficticia.

De hecho, cuando tengas una decisión que hacer, pregúntate: ¿qué harías desde el amor?

Como ya sabemos, tenemos dos opciones de decidir cómo queremos vivir nuestra vida y si piensas que no puedes elegir estás decidiendo no cambiar, así que decide vivir desde el amor.

Nosotros no somos víctima de nada ni de nadie y mucho menos de nuestro pasado. Esto es algo importante, la mayoría del ser humano vivimos desde el EGO. Aproximadamente un 99 % del tiempo estamos en el ego y un 1 % en el corazón.

Cuando nosotros vivimos desde el ego…

"¿Qué es el ego?", te preguntarás.

Sentimos mucho esta palabra, pero ¿realmente sabemos qué es?

El ego es un sistema de creencias que está tan arraigado a nosotros que se cree independiente a nosotros.

Cuando nosotros le damos tanta energía a un pensamiento este cobra vida, porque nosotros somos procreadores de nuestra vida. Cuando enfocamos la atención y energía le estamos dando vida a nuestros pensamientos, emociones y por tanto nos lleva a nuestra realidad.

Cundo le estamos dando fuerza a un pensamiento, aunque este sea inconsciente, se convierte en algo dentro de nosotros. Cada pensamiento se convierte en una entidad dentro de nosotros y se cree separado de nosotros.

El ego es un conjunto de todos esos pensamientos.

Nosotros no somos víctimas de nuestro ego. Nosotros nos hemos encargado de alimentarlo con fuerza y esto hace que se manifieste en nuestra realidad.

El ego es un exceso de autoestima en una persona, tiene una valoración exagerada de sí misma.

Hay egos realmente gigantescos que pueden provocar caos y pueden llegar a tapar nuestra personalidad y hacerte creer que estás viviendo en un infierno. Son las personas que todo les sale mal. No tienen suerte, todo les pasa a ellos, tienen accidentes, se enferman, sus parejas les son infieles, han sufrido desde pequeños y todo lo viven desde el dolor y el sufrimiento.

Eso es EGO.

Todos nosotros experimentamos el ego de diferente manera. Cada uno tenemos procesos mentales diferentes y creencias distintas.

Es muy diferente vivir desde estas entidades internas (ego) que las hemos creado nosotras, dándole tanta fuerza e intención desde el corazón.

Porque no estás ocupada, no estás en el presente. Todo lo tienes en la cabeza.

Bien, te explicaré para que lo identifiques.

Seguro alguna vez has escuchado a una persona decir, refiriéndose a su cabezonería, que **tiene un ego muy grande, pero en el fondo es buena persona**. Podemos decir que su "fondo" se encuentra su "yo interno", que es la conducta por la cual se expresa el ego.

Tus conductas te harán sufrir siempre que no estén alineadas con tu esencia.

¿Y cómo saber si vives desde el ego o el corazón?

Lo que tengo y lo que debería hacer en futuro es como si no existiera. Estás en el pasado y pensando en el futuro, vives en continua preocupación, traes el problema del pasado al presente.

Cuando tendríamos que pensar en el presente y ver lo bueno que tienes. Ejemplo: tengo salud, estoy bien, tengo mi vida controlada, trabajo, mi pareja, etc.

Estar en el presente es un entretenimiento mental. El Ego no está acostumbrado a llevar la atención al corazón, él está acostumbrado a llevar la atención a sí mismo. Quiere defenderse, defender sus miedos, sus problemas y no tiene tiempo para llevar su atención al corazón.

De hecho, esto no le interesa porque si lleva su atención al corazón, el ego desaparece, y él no quiere desaparecer. Él quiere sobrevivir, por eso **TÚ** tienes que entrenar tu mente para crear un nuevo programa y desengranar viejas creencias.

Para que cobre vida dentro de ti, para que tu mente esté entrenada, para que esté en el presente y llevar la atención al corazón.

Y que no venga lo negativo de tu pasado al presente y ver el presente como una nueva oportunidad.

"Vives en el conformismo".

Y esto es bastante común, cuando hablas con personas y dan por hecho que esto es lo que tienen que vivir.

Cuando tienes que dar el paso, ya sea por trabajo, una relación o cualquier otra cosa, no están dispuestas porque desconocen lo que hay que hacer. Tienen miedo.

Obviamente esta persona está viviendo desde el **EGO**. No tienen ni idea de vivir desde el corazón. Tienen miedo y te conformas con la vida que has tenido y tienes años y años.

Rechazo y abandono.

Cuando vives en el Ego sientes una separación con tus hermanos, amigos, el prójimo, el trabajo… Incluso con tus problemas. Sientes que los problemas que tienes es porque otras personas te han ayudado a generarlos, por lo tanto, piensas que la persona tiene la culpa de lo que has vivido y tú tienes la mala suerte de tu vida.

Cuando estás en esta situación de ego, es un reflejo del abandono de ti mismo y crees que la otra persona es mejor que tú. Obviamente, encuentras personas que te rechazan, te despiden del trabajo o incluso tu pareja te deja.

Creencias y repeticiones.

Cuántas veces pensamos en algo que nos hizo daño. Lo pasamos mal. Incluso con una enfermedad, crónica y diaria, somos conscientes de que la tenemos. Ya la tuvieron nuestros padres y decimos "¡es genética!", como si ya fuera nuestra de por vida. No entra en nuestra mente que esto pueda cambiar y nos conformamos.

Cuando vivimos desde el Ego estamos repitiendo patrones constantes de lo mismo día a día.

Tenemos que conocernos y cada día tiene que ser mejor que el día anterior, más feliz, más próspero. Tienes que ser tu mejor versión.

Todos los problemas tienen un pasado y yo los traigo al presente.

Cuando vives desde el Corazón, hay una completa alineación cuando **sientes, piensas y actúas.**

Traes a tu consciencia a lo que estás haciendo en tu presente y por ende una coherencia con lo que sientes. Traes una energía alta, por lo tanto, cuando vives desde el corazón no hay enfermedad, ni hay problemas, ni escasez.

Vivir desde el Corazón es saber perfectamente lo que deseas y hacia qué dirección quieres ir porque estás percibiendo si lo que estás sintiendo es felicidad o te causa incomodidad.

Ejemplo: si tú quieres decir que NO a una situación y dices SÍ es una de las cosas más tóxicas que puedes hacer para tu cuerpo, órganos y células. Eso es lo que nos enferma cuando nos salimos de la coherencia.

El espíritu, el corazón y la cabeza lo confunden y empieza a haber un caos en todos los aspectos. De lo que eres, celular, energéticamente… Es lo peor que puedes hacer y si lo estás haciendo te pido por favor que no lo hagas.

Una técnica es sentir el momento de alguna situación. Si te trae incomodidad solo tienes que decir NO y si por el contrario te sientes bien, tienes curiosidad por querer saber más, es decir SÍ. No es difícil.

Optimismo y positividad.

Es algo fundamental para cambiar tus creencias y tener FE de que eso ya es una realidad. Ten curiosidad. Vive como un niño pequeño que quiere saber todo y no le teme a nada. Tienes que regresar a vivir desde nuestro corazón y nuestros sentimientos. Cuando sientes la sensación, la piensas y actúas, entonces encuentras la paz, plenitud y sanación. Entonces estarás en EQUILIBRIO.

"Con los años aprendí que cuando alguien toma una decisión es responsable de su propia vida".

Tú eres la luz, tienes que quererte.

Estás en una relación que te impuso la sociedad, porque si no tenías pareja eras "rara". Unas veces por necesidad de salir de casa de tus padres y otras porque ves que todas tus amistades ya tienen pareja. Sea por la causa que sea, te encuentras en una relación que te das cuenta de que no tiene nada que ver contigo. Eres infeliz y haces lo posible por salvar la relación, pensando que serías mucho más feliz teniéndola.

Pero no te estás dando cuenta de que la felicidad que anhelas está dentro de TI.

Te entregas a los demás, haces lo imposible para tener la aceptación y poder ser acogida en tu entorno, amistades, familia etc. y solo obtienes desprecios. Te anulan, no les interesan tus opiniones, no te tienen en cuenta. Y lo que estás proyectando es como tú te sientes, es tu propio espejo. Si no te das cuenta del valor que tienes y esperas a que venga otra persona para hacerte feliz, estás muy equivocada, porque es tu propio espejo una proyección de tu inconsciente que TÚ misma has creado.

Haz este ejercicio. Tómate tu tiempo y sé honesta contigo misma.

Mírate al espejo, ¿qué ves?

¿Te ves guapa?

¿Te gusta tu cuerpo?

¿Te ves bien con la ropa que llevas puesta?

¿Te quieres?

Este es un ejercicio que te hará reflexionar y poder cambiar tu interior porque eso te dará el resultado de lo que estás viendo en tu exterior.

Hay personas que te enseñan fotografías y acto seguido te dicen "yo salgo muy mal en las fotos".

¡SE ESTÁN JUSTIFICANDO y a la vez están esperando tu aprobación para que les digas que están muy bien! Necesitan oírlo.

¿Te ha pasado alguna vez que tú misma piensas "que mal he salido en la fotografía"? Y te pregunto:

¿Hiciste los preparativos previos para que fuera todo lo contrario?

¿Te arreglaste como te hubiera gustado?

¿Te sentías feliz por el sitio donde estabas?

¿Llevabas puesta la prenda de ropa que sabes te sienta bien?

Hay una preparación previa a lo que luego esto te llevará al resultado final y será plasmar en la fotografía como te sentías en ese momento.

Te invito a que hagas la prueba. El resultado es totalmente distinto.

Cuando tú estás en una frecuencia del 50 % y no estás vibrando al 100 % de felicidad es lo que te llega.

Cuando esperas que otra persona te haga feliz y pienses "ya estoy completa, es mi media naranja". ¡Cuidado!

Porque le estás dando toda tu esencia a una persona que podrá tener poder sobre TI.

¿Por qué no tener una persona que te dé a TI el 100 %?

Porque tú ya estás llena, te sientes bien. Pero, por el contrario, si estás al 50 %, esa persona solo te dará eso. **Nada más**.

¿Y por qué tienes que conformarte con poco?

¿Qué pasaría si esa persona no tienes noticias suyas en un día o deja de ser cariñoso? Te pasarías directamente al 20 %.

Pero, ¿y si haces lo contrario?

Tienes que sentirte reina y poderosa, estás plena y orgullosa de ti, te identificas al 100 %. ¿Qué crees que pasaría? Tu espejo te devolvería un 100 porque tú ya eres tu media naranja completa.

Pero es muy fácil caer en el miedo y no ver la realidad por gustar a los demás y entonces es cuando dejas de ser tu misma.

Son nuestras creencias las que nos están limitando, lo que nos dijeron que teníamos que hacer para gustar a los demás.

Pero en estos tiempos ya no es así.

Tú eres esa luz que brilla y eres la primera persona que tienes que creértelo. No esperes que nadie te lo diga porque nadie lo va hacer por **TI.**

No hay nada que tengas que cambiar. No tienes que conseguir nada porque TÚ ya lo eres todo. Solo tienes que aceptarte como eres.

Cuando te aceptas tal cual eres vibras desde el amor y en consecuencia llegará a ti en el plano físico y todo lo que creas será una realidad.

¿Imaginas que el poder de tener todo lo que quieras conseguir solo lo tienes tú? Mírate al espejo, quiérete mucho, porque tú eres única y no dejes que nada ni nadie no te de lo que te mereces el 100 %.

16.

AUTOESTIMA

La autoestima es estar contenta contigo misma y ser merecedora de todas las cosas buenas que te pasan en la vida. Las falsas creencias hacen que después de haber pasado por momentos no muy agradables nuestra autoestima como persona caiga a tal punto de afectar la salud mental y física.

El concepto que tenemos de nuestras capacidades no se basa solo en nuestra forma de ser, sino también en experiencias que a lo largo de nuestra vida hemos experimentado.

Todas las emociones que en su día tuvimos nos han influido en el carácter y, por tanto, en la imagen que tenemos de nosotros mismos.

Cuando tienes una autoestima adecuada,

Es aquella que tiene una visión de ella misma con unas cualidades, realistas y positiva.

No te creas mejor ni peor que nadie.

No temes mostrar tus sentimientos sin importarte lo que piensen los demás.

Acepta las responsabilidades, busca nuevos retos e intenta superar los miedos.

Por el contrario, cuando tienes una autoestima baja, desconfías de todo el mundo. No puedes tomar decisiones por ti misma porque tienes miedo a equivocarte y necesitas la aprobación de alguna persona externa. Tienes muchos complejos, no te sientes guapa y tu valía como persona no la ves.

Eso es tener autoestima baja y te produce un estado de inferioridad y timidez que te impide relacionarte con las personas por miedo a ser juzgada o rechazada, y mucho más, ser abandonada.

La dependencia afectiva que tienes es el resultado de la necesidad de ser aprobada por tu entorno porque no te quieres lo suficiente como para saber y ver el valor que tienes positivamente.

Te daré algunos consejos prácticos para que tu autoestima suba.

No te trates mal. No pienses que las cosas las hiciste mal, lo hiciste lo mejor que pudiste. Si tomaste una decisión equivocada no fue intencionada ya que en ese preciso momento creíste que sería lo mejor.

Aprende a decir NO. Sabes hasta dónde puedes llegar, trabaja tus limites, no hagas nada que no te apetezca hacer o sientas que debes porque si lo haces te sentirás mal. Saber decir no es cuidarte.

Y recuerda: no tienes que hacer nada que no quieras.

No hay nadie superior a ti. Todos somos iguales. no tienes que admirar a personas por sus conocimientos, títulos o dinero. Todas esas personas serán diferentes a ti, pero eso no significan que sean mejores.

No te preocupes lo que los demás piensen de ti. Piensa que igual esa persona también está pensando lo que tú puedes opinar de ella. Además, si le das mucha importancia a lo que la gente opina de ti, tu vida girará alrededor de estas personas y dejará de estar girando sobre la tuya propia.

Mímate. Busca media hora al día solo para ti, ese es tu ratito. Haz lo que más te guste o te apetezca en ese momento: pasear, leer, mirar el paisaje, meditar…

Vive el presente. No pienses en el futuro, vive el aquí y ahora. Disfruta de ese momento porque si piensas en el futuro lo que harás es sentir que no eres valiosa. ¡Y sí lo eres! Ya con lo que tienes en tu presente tienes mucha valía.

Tu felicidad es tuya. No dependes de los acontecimientos para que puedas sentirte feliz. Intenta sentirte feliz 5 minutos al día sin más, solo porque te apetezca. Puede ayudarte algún acontecimiento que recuerdes que te hizo muy feliz.

Sé positivo. Piensa lo negativo y saca lo positivo. Todo tiene un por qué, un lado bueno. Todos cometemos errores, no hay un manual de instrucciones que nos enseñe a no cometerlos. Reconocer nuestros errores es signo de madurez y autoestima.

Acepta los halagos. Nos enseñaron que no debíamos hacerlo por tener una posible vanidad y sentirnos grandiosos, pero cuando hacemos un buen trabajo y nos halagan podemos contestar con un gracias.

No intentes agradar a todo el mundo. La gente no se gana cambiando como eres, es comprender que no le podemos gustar a todo el mundo. Además, es importante que valores lo que piensas y digas lo que opinas, aunque a los demás no estén de acuerdo contigo. No quiere decir que puedes hablar lo que te dé la gana faltando el respeto, pero sí que tus opiniones son tan importantes como las de cualquiera. No te traiciones a ti ni a tu verdad para gustarle a los demás porque atraerás personas que en el fondo no valen la pena.

Las personas tenemos capacidades para cambiar y aprender a lo largo de nuestra vida.

No dejes que nada ni nadie te quite tu autoestima.

Como dice el refrán **"LA FE MUEVE MONTAÑAS"**.

17.

¿Sabes cuál es la diferencia entre "consciencia" y "conciencia"?

La CONSCIENCIA es la capacidad del ser humano para percibir la realidad y reconocerse en ella, mientras que la CONCIENCIA es el conocimiento moral de lo que se entiende como lo que está bien y lo que está mal, en la sociedad en la que vivimos.

Las personas somos algo más que células, músculos, huesos y una piel que nos envuelve.

Tenemos consciencia y conciencia, dos dimensiones que nos hablan de humanidad.

Saber diferenciarlas nos puede ayudar a comprendernos mucho mejor.

Cuando seas consciente de los pensamientos que tienes en tu mente antes tendrás conciencia de la realidad.

Solo entonces tendrás esa trasformación y comenzarás un camino nuevo.

"La conciencia solo puede existir de una manera, y es teniendo consciencia de que existe".

Jean Paul Sartre.

Un día de playa.

Te contaré una anécdota que me pasó hace unos días. Fui a playa con una amiga, no era el sitio habitual donde íbamos. Nos adentramos un poquito más lejos de lo normal. El mar estaba un poquito más movido, pero nada preocupante si no hubiera sido por unos agujeros y piedras que había en el fondo de las que no nos dimos cuenta.

De pronto vi que mi amiga me pedía ayuda para poder salir. Ella es más bajita que yo. Le dije "¡pero nada!" a lo que me contestó "¡no puedo!". Empecé a querer cogerla, pero me di cuenta de que no podía, me arrastraba a mí también. Al final todo quedó en un susto y todo salió bien. Pudimos salir, aunque con un poco de miedo al principio.

Aun nos acordamos como anécdota de lo que podía haber pasado estando tan cerca de la orilla y nadie se dio cuenta. Pero esto me hizo pensar… Yo no soy una gran nadadora, no podía dar algo de lo que carecía. Por eso, lo primero es que hay que nutrirse bien de nosotros mismos y, acto seguido, ayudar y dar a los demás.

Y lo que hacemos normalmente es mirar, contentar y estar pendiente de los demás, cosa de la que ya nos dimos cuenta. Primero tienes que ser tú en todas las áreas de tu vida y luego estar preparada para poder dar a los demás.

Mi primer trabajo

Cuando terminé la edad escolar mi madre me puso a trabajar en una peluquería para que pudiera tener un oficio. Hoy en día tengo que darle las gracias porque es algo que me apasiona. Me gusta que las personas se sientan bien, ver sus caritas de satisfacción y saber que has hecho un buen trabajo.

Poco a poco fui trabajándome mi timidez y esa inseguridad de no saber. Era muy joven, siempre quise dar lo mejor de mí y eso me ayudó muchísimo al estar con personas.

Tuve la suerte siempre de tener personas a mi alrededor que me apoyaban, me enseñaban y estaban pendientes de mí para que fuera una gran profesional. Me formé en lo que hoy en día no existe, ¡en peluquerías!, el día a día con el cliente.

Recuerdo con cariño a mi primera jefa, Elena. Era una persona joven, vivía con su madre y tenía su peluquería en casa. Yo tenía 13 años (sí, empecé muy joven) y conectamos muy bien, Trabajaba, o más bien me enseñaba, de martes a sábado y el lunes lo teníamos de descanso.

Ella los lunes solía ir a un asilo (lugar donde van las personas mayores cuando ya no se valen por sí mismas) en Barcelona, a peinar a las personas que allí estaban, y me comentó si yo quería ir. Como siempre, me gusta saber más, tenía curiosidad. Lo comenté en casa y me dieron permiso (antes era así), por lo que le dije que sí.

Llegó el lunes y habíamos quedado en la puerta de su casa para a ir al asilo. Era un sitio llevado por las monjas y eso no me gustaba mucho porque ya desconfiaba de ellas, pero fuimos bien recibidas. Había una habitación donde había todo lo necesario para poder empezar el trabajo.

Lo que allí vi me impactó muchísimo. Personas que no se podían valer por ellas solas, que habían tenido una vida bastante cómoda y ahora estaban a expensas de que otras personas hicieran con ellas lo que quisieran.

No sentía que las monjas las trataran como se merecían, incluso escuché comentarios que no me gustaron nada. Ya venía yo de una mala experiencia con ella y con esto no quiero decir que todas sean iguales.

Esas personitas tenían mucho cariño que dar, se sentían solas, me hablaban de sus hijos, de su vida anterior, de lo que tenían… Pero lo más importante, no sabían dónde estaban y no reconocían quiénes eran. Me acuerdo de una señora que me confundió con su hija y no paraba de llorar y abrazarme. Me decía que por qué tardé tanto en ir a buscarla. Más tarde, cuando terminamos, el trabajo pregunté por ella y me dijeron que llevaba años allí. Sabían que tenía dos hijos, pero nunca vino nadie a visitarla. Estoy escribiendo esta anécdota de mi vida y no puedo evitar sentir ese sentimiento de dulzura hacia esas personas. No me gustan las injusticias y algo de lo que me di cuenta es que yo era débil, y eso tenía que cambiarlo.

Mi visita de los lunes la di por terminada porque yo no podía hacer nada por cambiar esa situación y lo pasaba muy mal, así que decidí no volver.

Pero todo tiene un aprendizaje y es que si la situación que estás viviendo en tu presente la puedes cambiar,

¡HAZLO! Y si no, pues haz lo que yo hice, marchar. Lo que sí me di cuenta es que tenía conexión con las personas, que me gustaba escucharlas y notaba que ellas se sentían bien conmigo. A partir de ahí empecé a estar más atenta a los comportamientos de distintas personas. Al trabajar en la peluquería me ayudó muchísimo, pero poco a poco me di cuenta que era una habilidad que yo tenía desde hacía mucho tiempo.

18.

¿CÓMO SABER TU PROPÓSITO DE VIDA?

Tu propósito de vida ya lo tienes dentro, incluso antes de nacer.

Todos hemos nacido con la habilidad de resolver un tipo de problema. Encontrar esa habilidad te acercará a tu propósito de vida.

Cuando tenemos ese diálogo interno y nos preguntamos: ¿qué es lo que estoy haciendo?

Y ¿cómo lo estoy haciendo?

Muchas veces no queremos darnos cuenta de que ese diálogo tenemos que cambiarlo y tomar acción, porque gran parte de la calidad de nuestra vida depende de la calidad de las preguntas que nos hacemos.

Sigue tu instinto, eso que cuando lo piensas o realizas te hace sentir una emoción plena y satisfecha.

El propósito de nuestra vida está en unión de una serie de preguntas que te harán que puedas identificarlo.

¿Qué es lo que sentimos como pasión?

Algo que harías sin que te pagaran, sin pensar que fuera fiesta o día laborable.

Luego, tu pregunta sería: ¿para quién lo harías?

Tienes que tener un para quién. En mi caso lo hago a través de mi trabajo, mis libros y mis sesiones para todos vosotros que queráis desarrollar un crecimiento tanto personal como emocional, laboral y económico.

De hecho, si estás leyendo este libro ya es algo que me hace muy feliz porque el mundo necesita personas que se dediquen a su pasión. Eso se trasmite y tu energía pasa a estar en otra dimensión más alta.

¿Qué se llevarían las personas con lo que tú les aportas?

Vuelvo a poner mi ejemplo. Ayudo a las personas a encontrar ese problema para decretarlo y así poder tener conciencia de dónde proviene. A través de las terapias vamos encontrando el camino y pautas que se deben seguir para darle el conocimiento del porqué pasan ciertas cosas, y hacer que las entiendan y las comprendan. Además, un seguimiento para poder llegar al objetivo con éxito.

Te haré unas preguntas para que puedas definir y saber mejor tu propósito. Coge papel y lápiz y contesta:

De niña ¿a qué te gustaba jugar?

¿Qué actividad cuando llevas a cabo hace que pase el tiempo sin que ni siquiera te des cuenta?

Si pudieras elegir, ¿qué cosa harías para el resto de tu vida?

¿Sobre qué tema lees que no te resulte aburrido?

¿Cuáles son tus libros favoritos?

¿A quién envidias?

Si volvieras atrás en el tiempo, ¿cambiarías algo de lo que estás haciendo actualmente? Y si es sí, ¿qué cambiarías?

¿Qué cosa haces con mucha facilidad y mejor que cualquier persona?

Una vez hagas el ejercicio, míralo bien y piensa que palabra se te repite más veces en las preguntas, te dará una señal de cuál es tu propósito de vida.

Mi propósito de vida. ¿Cómo encontré mi propósito de vida? Algo que venimos a hacer en este mundo y hasta que no te das cuenta, o no quieres aceptarlo, te van sucediendo cosas que no vas entendiendo. La vida te pone situaciones que debes aceptarlas sí o sí, y por más que lo retrases, llega el momento que te viene rodado y actúas.

Cuando empecé mi historia, te conté que ya desde niña percibía y tenía sensaciones de cosas que pasaban en casa y sentía la soledad y valentía de mi madre por salir adelante.

Siempre tuve un poco más de intuición de lo normal y sentía que cuando estaba cerca de algunas personas podía saber si la persona estaba mintiendo, si estaba triste o incluso estaba sonriendo. Podía saber si estaba siendo sincera o no, si lo que estaba diciendo era totalmente diferente a lo que yo estaba percibiendo desde su interior.

Pero no le di demasiada importancia. Era una niña y nunca dije nada a nadie, pero sí me sentía desconectada un poco del mundo.

Fui haciéndome mayor y al trabajar con personas me daba cuenta de que les gustaba hablar conmigo, me contaban sus cosas y yo me sentía feliz a medida que iban hablándome. Sentí y percibía cosas que me hacían contestarles desde mi humildad y sin saber por qué lo decía, pero era algo que me gustaba. Podía estar mucho tiempo escuchando relatos de personas que tenían una inquietud y yo darle consejos. Se sentían bien y yo también.

Podía adivinar qué les pasaba, ellas se sorprendían y yo más. Era algo que hacía como normal.

Fueron pasando los años y esto estaba como olvidado. Sí había veces que me venían esos pensamientos que luego sucedían, pero pensaba que había sido casualidad.

Siempre tuve acontecimientos reveladores de situaciones que luego pasaban, pero nunca imaginaba lo que después me venía.

Fue muchos años después cuando tuve una visión súper real. A través del sueño me dieron el mensaje.

Había soñado con una pareja. Era de noche, dormían, y a su lado había una cuna. El chico estaba de espaldas a la chica y la chica mirando su espalda. En el lateral la cuna. Yo en el sueño entro en la habitación, algo me decía que tenía que entrar. Me acerco, quiero ver el bebé que había y cuál fue mi asombro, que no había ningún bebe.

No le di demasiada importancia, pero al día siguiente me seguía acordando perfectamente del sueño. Pensé que sería un sueño nada más, pero sentía que algo pasaría y así fue.

Pasaron algunas semanas y un día paseando por el paseo me encuentro a mi amigo Juan. Hacía bastante tiempo que no nos habíamos visto y nos hizo mucha ilusión a los dos encontrarnos. Lo noté muy feliz y me comentó que se casaba, que había encontrado una persona y estaba muy feliz porque siempre había deseado ser padre, por lo que eso ya podía ser una realidad.

Me alegré muchísimo porque era lo que realmente quería y venía buscando desde hacía mucho tiempo.

Le di la enhorabuena y después de un ratito poniéndonos al día nos despedimos.

Pero ya en casa tranquila me acordé del sueño que había tenido unas semanas atrás y fue cuando lo vi claro.

La persona que había elegido para que fuera su mujer y madre de sus hijos no podía dárselos. Era ESTÉRIL.

El sueño que tuve varios días antes iba dirigido a ÉL. Después de pensar mucho y tener claro el mensaje llamé a mi amigo.

Juan era una de las pocas personas que sabía lo de mi intuición, (es algo que siempre oculté).

—Juan, tengo algo que contarte.

—Sí, dime —me respondió, mejor sería que nos viéramos—. ¿Podríamos vernos esta misma tarde?

—Sí, claro, pero me preocupas.

—¿Pasa algo? —me preguntó.

—No te preocupes, nada malo. Esta tarde te comento.

Yo estaba nerviosa. Había momentos en que dudaba si tenía que contárselo o no, pero mi corazón me decía que sí. Era mi amigo y lo tenía que saber, así que empecé a contarle el sueño que había tenido. Le conté lo que esa noche había soñado y le dije que se asegurara de que si su pareja podía ser madre.

—¡Claro que puede ser madre! —me contestó—. ¡Es joven!

Hace muchos años que Juan y yo nos conocemos. Ya en alguna ocasión le había comentado cosas que me pasaban y sueños que tenía. Tengo que decir que no le gustó lo que en ese momento le estaba diciendo, pero le creó la duda.

Lamentablemente, sentí que se enfadaba y mucho conmigo. No lo creía, ¡pero es que ni yo tampoco! Pero era mi amigo y no quería ningún mal para él.

Le dije que por favor solo tenía que preguntar y asegurarse de lo que le estaba diciendo, si su pareja podía tener hijos y luego se olvidara de lo que le había contado.

Tardé meses en saber de Juan. Pensé que estaba enfadado por la conversación y me sentía mal por lo sucedido, pero un día tuve una llamada. Era Juan y con voz triste me dijo:

—He roto con mi pareja. Me mintió. ¡No puede tener hijos!

¡No podía creer lo que me estaba diciendo, yo estaba alucinando! Pero no era la primera vez que me pasaba, por eso estaba segura.

A raíz de ese día, cada vez iba teniendo más mensajes de personas que estaban conmigo. Incluso llegué a ver alguna imagen de personas que no conocía. Yo no entendía nada.

Juan fue la persona que me aconsejó para que fuera a algún sitio especializado donde pudieran decirme lo que me estaba sucediendo.

Era algo a lo que siempre me negué. No quería que saliera a la luz lo que me estaba pasando, y menos que lo supieran las personas de mi entorno.

Pero no puedes ir en contra del destino y a mí me lo estaba poniendo difícil. Tenía situaciones nada agradables. Los sueños que antes tenía dándome algún mensaje, los fui teniendo, pero, todo lo contrario, eran muy desagradables. Aun así, no hacía nada y si tú no lo haces te dan un empujón para que reacciones. Cuando fui consciente de que algo tenía que hacer le hice caso a mi amigo.

Fui a los mejores profesionales que me habían recomendado. Allí me reafirmaron lo que yo ya sabía, que tenía una intuición muy desarrollada (todos somos un poco intuitivos). Tuve muy buenos maestros que me enseñaron lo que me estaba sucediendo, pero aconsejaron que no podía ir dando a personas consejos que venían a mi cabeza. Aunque iba sucediendo lo que iba intuyendo me sentía con una responsabilidad importante, así que me aconsejaron que me apoyara en las cartas del tarot.

Aprendí todo lo relacionado con el tarot: su historia y todo lo que ello conllevaba, saber dar una buena interpretación de cada una de sus cartas… Era algo que me apasiona y cada día me gusta más, sobre todo el poder saber y transmitir lo que la persona viene buscando.

Pero aun así me resistía a querer tener esa responsabilidad de dar esos consejos a personas que realmente están muy mal.

Pero lo que sí hice fue investigar de donde me venía a mí ese don, porque SÍ es un don, y preguntando mi padre me dijo que su madre era una persona que curaba en el pueblo y sabía mucho. Así que… ¡BINGO!

¡Ya lo tenía! Me venía de mi abuela paterna. Y curiosidades de la vida, cuando ella murió nací YO.

Me dejó lo que ella venía haciendo para que yo siguiera con su trabajo de ayudar a las personas. Esto es una cosa que se pasa de generación en generación. Si tú no haces bien tu trabajo la vida te pone situaciones donde no te queda más remedio que hacerlo.

Fue algo que me negué rotundamente a aceptarlo y estuve mucho tiempo así, pero si no lo hacía pasaría a mi hija. Aun así, no quería equivocarme, para mí suponía mucha responsabilidad.

Así que no tenía opción. Me adentré en el mundo del tarot y mi intuición cada día se iba desarrollando más. Tengo que decirte que no fue fácil, porque cuando te vienen esos mensajes no todos son buenos y tienes que identificarlos muy bien.

Fue una etapa de mi vida de mucho movimiento espiritual, pero tuve ese crecimiento y cuando me dijeron que estaba preparada me encaminé realmente a algo que me apasiona.

Ahí fue cuando empezó mi NUEVO camino y encontré mi pasión.

Cuando encuentras tu pasión notas que tu cuerpo y pensamiento cambian, la actitud que tienes hacia la vida es totalmente distinta y eso es lo que te marcará en diferencia.

La vida tiene un significado y saber que puedes hacer el bien a esas personas que vienen a tu consulta o te piden un consejo de cómo pueden actuar ante cualquier situación es muy gratificante. En mi próximo libro te explicaré todos los desafíos y obstáculos que tuve que pasar y la negación que tuve en cierto momento en el que no quería seguir, hasta poder llegar en el punto donde estoy hoy.

Levantarme con ganas e ilusión y preguntarme: "¿A cuántas personas puedo ayudar hoy?".

De esto hace ya doce años. Una de las cosas que a través de estos años he notado es que tenemos mucha necesidad de que nos escuchen. Estamos falta de cariño y que nos quieran. Vamos demasiado deprisa y no nos paramos a pensar por dónde tengo que ir. En el fondo hay mucha soledad, algo que se esconde para no ser descubierto. Vamos con una máscara y eso no trae nada bueno.

Un día tuve una consulta de una persona que quería saber sobre su vida sentimental. Es increíble la necesidad que tenemos las personas de estar unidas a alguien, aunque nos demos cuenta de que esa persona nos humilla y nos desprecia, pero no queremos estar solos.

¡Piensas que cambiará! Estás en una ilusión y como tal se desvanece y cae.

Porque no eres capaz de estar sola. Sientes que necesitas esa persona, sales a pasear, te trata bien, te lleva a un buen restaurante, termina la noche bien… Así pasa un día, dos y de pronto un mensaje donde te dice que no quiere seguir contigo, que tienes mal carácter, que eres una persona con mucha inseguridad. Y tú no entiendes ni cómo ni por qué te está diciendo todo esto.

Vuelven a pasar tres, cuatro, cinco días y no tienes noticias suyas. Tú estás en un decaimiento total, te sientes perdida, sola, y piensas que la vida no tiene sentido para ti.

Piensas: "¡Sí, ahora me dejo definitivamente!".

Y de pronto, tu teléfono suena te acercas a cogerlo y ves un mensaje, era ÉL. Vuelves a tener otra vez ilusión.

—¿Qué haces?¡Quiero verte!

Y a ti te vuelve a surgir otra vez la necesidad de estar con esta persona, vuelves a encontrarte con El, no se habla, no sacas la conversación de porque este comportamiento contigo, tienes miedo a que se enfade y se rompa lo vuestro, cuando en realidad no hay nada.

Y esto pasa una y otra vez, la misma rueda. Un día, dos bien, al tercero no sabes nada de él y esto es un día tras otro y otro y no sabes qué hacer. Pides consejos.

Quieres una tirada de tarot y las cartas te están diciendo lo que tú ya sabes y no quieres oír. No escuchas o no quieres escucharlos; no te interesa lo que estás oyendo.

Esto es una situación de una pareja cualquiera, de muchas parejas que les pasa y como tantas, tenemos la necesidad de sentirnos queridas y amadas, pero no nos sentimos respetadas ni queridas. No nos **Valoramos**.

No se va el amor.

Nunca se va el amor de nuestra vida, solo va cambiando de nombres y de rostros.

Calla su voz en cada despedida, pero sigue el amor junto a nosotros.

Camina sin piedad por las heridas, se burla de las dudas y razones.

Y vuelve la esperanza, convencida por el amor a nuestros corazones.

Comienza de repente su locura, regresa la ilusión estremecida y nos lanza el amor a otra aventura.

RESUMEN DE TUS TINIEBLAS

Sé, querido lector, que tienes unas virtudes y puntos fuertes que solo TÚ sabes, pero hasta ahora lo tenías muy guardados por ciertos reparos, creencias o porque no piensas que eso pueda ser útil para nadie. No tengas miedo. Busca **tu felicidad.**

Nadie va a vivir por ti. Tu vida es tuya y tienes todo el derecho de actuar, expresarte y decir lo que piensas.

Te invito a que busques y lo encuentres.

¿Te gusta la pintura?

¿Las plantas?

¿Leer?

¿Te comunicas bien con las personas?

Sea lo que sea, HAZLO. Acuérdate, estamos en el momento del aquí y ahora. Posponerlo es no hacerlo.

Quiérete, sé generoso contigo primero, luego con los demás.

Ríe, baila, muévete, la música alegra el alma.

No te olvides de dar las GRACIAS por lo que tienes y por lo que te vendrá. El universo está a tu favor, no deja que te pase nada malo ni te dará algo que tú no puedas soportar. Cuando tengas una situación que no te guste, para y analiza por qué te está ocurriendo. Todo tiene un por qué. La vida nos da lecciones para aprender y, sobre todo, ten FE. Piensa que lo que está por venir será mucho más bendecido.

Te amo
porque yo
me enamoré
de tu alma
y eso
nunca me había pasado
no nos conocemos
no hemos hecho el amor
pero, aun así, yo estoy feliz
únicamente sabiendo

¡Que Existes!

CAMINANDO POR EL SENDERO DE TU NUEVA VIDA.

Estamos en el proceso de un nuevo camino, debes crecer y evolucionar. Los límites los vas a poner **TÚ** misma. Nuestra mente es ilimitada y el universo también. ¡Hay para todos! Entonces TÚ ya decidiste en qué quieres vivir.

Es volver a nacer con situaciones completamente distintas que vas a tener que afrontar tu sola. Te vendrán desafíos, pero llegado a este punto sabrás salir y encontrar soluciones a todo lo que te vaya viniendo. Será un camino limpio, haciendo las cosas como te diga tu corazón, estarás en paz contigo misma y, sobre todo, estarás sembrando lo que más tarde recogerás, tu cosecha...

Te voy a dar algunas pautas que te irán bien para tu nueva vida.

Aprende cada día algo nuevo, no dejes pasar el día sin tener la satisfacción de haber hecho algo útil.

Mira a tu alrededor y observa:

¿Te gusta lo que ves?

Objetos, recuerdos que ya no te aportan nada.

Mira tu armario. Seguro tienes prendas que hace meses o incluso años que no te pones. Te lo compraste en cierta ocasión para un evento y nunca más te lo pusiste, pensando que algún día podrías aprovecharlo y eso no llega nunca porque lleva años en tu armario.

Hay un libro que a mí particularmente me ayudó en este proceso. Se titula **La Magia del Orden de Marie Kondo**. En él encontrarás métodos para poder organizarte. Todo lo que acumulamos es energía que nos resta a nosotros porque estamos hechos de partículas y todos somos uno.

Cuando entres en este proceso de renovación encontrarás personas en tu camino. Por ejemplo, familiares (porque estas las tenemos en nuestro entorno más cercano) que intentarán que cambies de idea y te dirán que lo que estás haciendo no es lo más correcto. Incluso te pueden llegar a decir que estás siendo una persona egoísta.

Hay dos opciones: que se unan a ti o que se alejen por un tiempo.

Tú ya tomaste la decisión y es cambiar tu mundo y tu entorno.

Una sola persona puede llegar a cambiar el mundo. Ya quedó relatado en texto antiguos que eso fue así.

No aceptes comentarios negativos. Para de inmediato esos comentarios. Vivimos en una sociedad en la que todo son desgracias. Si cada uno de nosotros pusiéramos un granito de arena sería mucho más fácil y viviríamos en un entorno de más felicidad.

Tú has evolucionado. Ese camino que te dicen ya lo conoces.

Estamos en el camino del Amor y la Esperanza.

Verás que tu vida es mucho más fácil y esos sueños que tienes volverán a manifestarse nuevamente poco a poco.

Ya no me veo.

Ya no me veo contestando cada insulto que me dan.

Ya no me veo escuchando cada queja de la gente alrededor.

Ya no tomo responsabilidades que no me corresponden ni explico el por qué no lo hago.

Ya no discuto con la gente para salvar mi honor o mi nombre.

Ya no me veo angustiada porque alguien deje de hablarme o alguien ya no me quiere en su vida.

Ya no me veo preguntando aquí y allá por algo que quiero saber.

Ya no me veo triste, enojada, frustrada, deprimida o cualquier emoción que baje mi vibración. Me enfoco en volver a tomar vuelo para ser quién soy realmente.

Hoy ya no me veo como antes, ni siquiera como ayer.

Todos los días me deslumbro, me callo y miro dentro de mí.

Ya no me veo caminando por la vida sin luz.

Hoy elegí estar bien, solté todo aquello que no me deja avanzar libremente.

Hoy elegí estar bien y el viento me silbó al oído:

"Eres Libre".

El ateo que cayó por un precipicio.

Un día un ateo caminaba por un camino, resbaló y cayó por un precipicio. Al caer se aferró a una rama y pensó: solo Dios puede salvarme ahora.

Pero yo nunca creí en él. ¿Qué puedo hacer? Y exclamó:

—¡Por favor, Dios, nunca creí en ti, pero si me salvas creeré en ti para siempre!

Dios dijo:

—Está bien. Creeré en lo que dices y te salvaré. Suelta la rama y un ejército de ángeles te sostendrán para que no caigas y te llevarán otra vez al camino.

—¿Soltar la rama? —exclamó el hombre.

Luego con desesperación preguntó:

—¿Hay alguien más ahí arriba?

19.

¿QUÉ ES LA FE?

La FE es un sentimiento de creencia que tiene relación con algo o alguien, que se manifiesta por encima de la necesidad de poseer evidencias que demuestre la verdad de aquello en lo que se cree.

La palabra proviene del latín *findes* que significa "lealtad".

Si tienes carencias en tu vida es por falta de Fe. Si en el momento en el que tienes un problema incluyes la Fe, ya no existiría el problema porque solo verías verdad y el amor. No hay ningún problema que la FE no pueda resolver.

La falta de Fe es la pérdida de toda la ilusión e infidelidad.

La Fe es la garantía de que algo que esperas te vendrá y tener la certeza de la realidad que no ves.

Primero ten Fe y lo creerás, no por el contrario, primero lo veo y luego lo creo.

20.

CREA UN PLAN: TE LLEVARÁ A LA CLARIDAD.

El plan es el puente que debes de cruzar para llegar al éxito en tu vida.

En primer lugar, visualízate cómo te gustaría estar, dónde te gustaría vivir, a qué te gustaría dedicarte.

¿Cómo te gustaría tener tus finanzas?

¿Qué relación de pareja te gustaría tener?

Sea el ámbito que sea, pero para darle energía a tu proyecto, tienes que estar en armonía con tus emociones y tus pensamientos. Simplemente es entenderlo y visualizarte como si ya lo tuvieras. Para algunas personas la visualización y el poder de la atracción puede ser una tontería, pero para mí no lo es. Creo en el potencial de los pensamientos positivos.

Cuando tus pensamientos y tus emociones se unen se garantiza el éxito, pero además de todo lo que hagamos visualizar nos ayuda a ordenar las ideas que llegan a nuestra mente y nos da tranquilidad.

Cuantas más veces visualicemos, poniéndole mayor intensidad y emoción a lo que queremos, y nos vemos como si ya lo tuviéramos, antes se materializará.

Luego, espera tranquila. Llegará poco a poco.

Imagínate que te compras un billete de avión para hacer un viaje en una fecha determinada. Una vez que ya lo tienes, no dudas si lo vas hacer o no ni piensas en volverlo a comprar. Solo esperas que llegue el día que tienes estipulado ir, pero ya estás vibrando en consecuencia y te ves en el viaje.

Pues es lo mismo. Haces tu pedido al universo, visualizas que ya lo tienes y te quedas tranquilo a esperar.

Tienes que actuar en consecuencia como si ya lo tuvieras.

Hay personas a las que le gustaría tener una pareja, una compañía, una persona que tenga conexión con ella, pero sin embargo la vibración no es la correcta. Entran en conversaciones que dicen todo lo contrario: no se necesita una pareja para nada, son egoístas, estoy mejor solo, hago lo que quiero y no me molesta nadie… Eso es lo que escuchas y lo piensas.

Cuando haces tu visualización es totalmente contrario a lo que pides y lo que piensas. De esta manera, nunca, nunca lo verás realizado.

Igual pasa con el trabajo. Estás pidiendo al universo un trabajo, un trabajo que te gusta, que tu pasión. Pero oyes conversaciones de que estamos en crisis, de que el trabajo está muy mal y además no te molestas en llevar el currículo. Piensas "para qué… No me van a coger". Conozco personas así, esperan que el trabajo vaya a ellos o que alguien les diga algo.

Huye de estas personas. Solo **TÚ** con tus dudas, tu falta de **FE** y tus prisas impedirás que tus deseos se cumplan.

"Lo que eres, lo que has sido.
Lo que serás es lo que haces
a partir de ahora".

Buda.

Para conseguir tener el éxito en tu vida, tienes que tener una rutina diaria que será lo que te hará conseguir lo que te propongas.

Sonríe.

Estírate cada mañana nada más levantarte.

Mírate al espejo y di en voz alta lo bien que te ves.

Lo que vas a conseguir en este día.

Lee, apasiónate por la lectura, aprende cada día algo nuevo.

Y, sobre todo, revisa tu plan.

Es la constancia y perseverancia que tienes hacia ello, el 90 % es la técnica y el 10 % la actitud que tengas para conseguirlo.

Cada noche antes de acostarte escribe en un papel 6 cosas diarias. Será el plan de lo que tienes que hacer al día siguiente, dando prioridad a lo que te cueste o te sea más difícil conseguir y el Universo lo que te resulte más fácil.

Si tienes una meta alta divídela en años, meses y días y verás que te será más fácil conseguirlo.

Anótala en tu meta diaria para tener ese plan. También puedes anotar metas más a corto plazo. Por ejemplo: caminar cada día 30 minutos, fumar la mitad de cigarrillos de lo que hasta ahora fumas, etc. y finalmente ponte frases motivadoras donde diga que tú puedes conseguirlo.

Revísalo cada noche y ves si lo has cumplido. Si por algún motivo no ha sido así, identifica por qué no lo has hecho.

Esa tarea será la prioridad de lo que tengas que hacer en tu siguiente día, sin descuidar lo que ya tienes estipulado en cada día para llegar al objetivo.

No puedes comerte un elefante de un solo bocado, pero sí puedes comerte cada día un poquito y así terminarás comiéndotelo.

Un nuevo comienzo.

Estaba en un apartamento pequeño (eso no le importó, se dio cuenta de que para vivir no se necesita tanto).

Sola, en una población distinta de donde ella había vivido. Había conseguido lo que quería, salir de su rutina, camino de una nueva vida buscando ser ella misma, pero con la frustración de no haber podido conseguir lo que en su día prometió.

Dejó atrás muchas cosas. Su casa, la estabilidad económica, pareja, hijos, familia, trabajo… Sus esfuerzos anteriores no habían llegado a tener éxito. Quiso que le acompañara su pareja de muchos años porque le quería. Había sido su único novio, pero eran muy distintos. Ella con ambiciones no solo para ella, sino también para su familia.

Él, más conservador. Sus hijos se habían hecho mayores y entraban en una nueva etapa de pareja.

Quiso tener aficiones nuevas de pareja para estar más tiempo juntos. Los niños ya no les necesitaban tanto y tenían más tiempo para ellos, pero no lo consiguió.

Así fue su comienzo.

Muchas noches sin dormir, muchos llantos derramados, muchas tormentas en su cabeza y aun después de varios años se preguntaba: ¿qué hizo que nos descuidáramos de la relación?

¿Por qué pasó?

¿Qué hizo que no supiéramos ver lo que estaba pasando?

Incluso pensó: ¿nos queríamos de verdad?

Ella sentía que sí, pero se estaba equivocando. Eran muy jóvenes, no habían vivido y se habían dedicado a que todo les saliera bien; su casa, trabajo, hijos, salir adelante.

Habían descuidado lo más importante: estar unidos en pareja. La relación se volvió muy fría y en esa época no te enseñan cómo debes actuar en estos casos. Hoy en día hay terapias de pareja, pero hace años atrás eso no existía o por lo menos ella no lo sabía.

Se sentía frustrada y decepcionada. Se sentía culpable de todo el sufrimiento que hacía a personas que para ella eran queridas, incluidas a su pareja. Su mundo se vino abajo.

Ella, una mujer aparentemente fuerte, siempre luchando por tener lo mejor para su familia y sus hijos, pero a la vez muy frágil. Era débil, pero tenía carácter. Ese carácter fuerte fue con el que un día tomó la decisión, no sin antes habiendo hecho intentos de que todo se solucionara.

Hace años estaba muy mal visto una separación y mucho peor que fuera la mujer la que tomara la decisión. Aparentemente habían sido una pareja perfecta, aunque ellos sabían que no, que algo estaba fallando. Pero, ¿cómo solucionarlo? Simplemente no sabían, a lo que esto les llevó a no tener el apoyo de su familia.

Cuando en la vida tienes que tomar decisiones y tú no lo haces, el destino te empuja y pone situaciones o personas en tu camino para que evoluciones. Eso fue lo que le pasó a ella. Conoció a una persona que le hizo ver que había otra vida fuera de su entorno a la que ella no estaba acostumbrada. Volvió a tener esa ilusión en la vida, algo que había perdido.

Se ilusionó, pero solo era un espejismo de algo que pronto desaparecería.

Pero pronto se dio cuenta que era ella misma la que tenía que encontrar su equilibrio. Nada ni nadie la haría sentir mejor.

Cuando estás pasando por la desilusión de tu vida no te sientes bien, te ves fea. Incluso te está afectando tu salud y todo esto que estás viviendo solo lo sabe tu pareja. Lo callas al mundo, pero mientras tanto lo estás gritando en tus sueños.

¡Quiero una solución! Porque dentro de este fracaso sentía que la vida era mucho más. No se terminaba ahí.

Ella no se quería y encontró a la persona que le dio todo lo que ella echaba de menos, pero era su propio espejo lo que le estaba reflejando su carencia.

¡Una vez más se equivocó! Quiso volver a su punto de partida, pero tenía miedo de todo el mal que había hecho. De todo esto que aprendió quiso enseñarlo a la persona que siempre quiso, el padre de sus hijos, pero sabía que eso no sería posible.

Hoy quiero darle las gracias por haberme dado unos hijos maravillosos que son mi vida. Por ser buena persona y siempre estar ahí, no le culpo de nada, no hay rencor y sí mucho cariño. No venimos al mundo con un manual de instrucciones. El destino lo puso en mi camino para ser el padre de mis hijos, pero no como su pareja de vida. No era esa nuestra misión en la vida y una vez más te pido perdón por todo lo que tuvimos que pasar para llegar hasta donde hoy nos encontramos.

Gracias, gracias, gracias.

Allí estaba sola en una habitación de su casa donde se preguntaba si algún día sus hijos podrían perdonarla por lo que les hizo.

Eso es algo que llevo a cuesta mucho tiempo …

Vio cómo su mundo se derrumbaba por completo. Cuántos días negros, cuánta oscuridad y cuánto malestar en su cuerpo.

¿Y ahora por dónde seguir?

Tuvo que coger aire, coger fuerza y mirar hacia adelante. Tuvo que aprender muchas cosas y una de ellas fue enfrentarse a la realidad.

Ya no había vuelta atrás.

Tuvo muchos contratiempos y uno el más grande: **SUS HIJOS.**

Tuvo que pasar mucho tiempo para que ella volviera a ganarse otra vez el cariño de sus hijos. Su hijo mayor, aun hoy, creo que no la perdonó. Nunca lo hablaron. Esa confianza que tenían ella la rompió.

Pasó mucho tiempo para que volviera a recuperarlo como hijo, por lo menos ella lo sentía así.

Siempre que ella lo necesitó estuvo ahí.

Pero ella no estuvo cuando él la necesitaba.

Si estás en una situación como nuestra amiga, no tienes que sentirte culpable. Tú eres lo más importante. Hay veces que las cosas no salen como nosotros queremos, pero hay que mirar siempre hacia adelante y con la cabeza bien alta. La vida es bella y es para vivirla. Deja los comentarios negativos atrás, esos los tendrás siempre. Solo sé tú misma, íntegra, sin olvidarte de tus seres queridos. Ellos siempre estarán ahí, aunque tú sientas que estás sola. No lo estás. El **universo** siempre está a tu favor, nunca nos llega nada que no podamos soportar y recuerda…

LA MEJOR LECCIÓN QUE PUEDAS APRENDER ES TU PROPIA VIDA.

A MI HIJO

Cerré los ojos por
un instante y el pequeño
niño que eras, se convirtió en un hombre
ya no puedo tenerte
en mis brazos, pero te
tengo siempre en mi corazón
me has dado incontables
razones para estar orgullosa
de ti, pero de lo que más orgullosa
me siento es de que seas mi HIJO.

Cuando eres consciente de lo que eres y las lecciones que te da la vida, tienes que actuar en consecuencia. Nuestra amiga perdonó, se perdonó ella y fue a buscar su **SER.**

Duro camino el que tuvo que atravesar, el desierto de su vida; pero el universo le puso unos hijos que serían lo que a ella le hicieron ser más grande.

No somos nosotros quienes elegimos nuestros hijos. Son ellos los que nos eligen a nosotros los padres.

Los héroes están diseñados para transformarse y eso eres **TÚ.**

A través de tus acciones, sin darte cuenta, estás desarrollando una serie de habilidades y experiencias que te están cambiando. Vas a ser competente para poder enfrentarte a cualquier reto y convertirte en tu mejor versión.

A MI HIJA

Te esperé con mucho deseo
y solo verte lo supe. TÚ eras mi ángel,
si supieras cuánto ocupas en mi mente
y es que te quiero tanto,
que solo el tenerte
sé que serias mi confidente,
es la mejor forma de sentirme
feliz y siempre estar en tu presente.

Tienes que sobresalir a partir de tu nuevo rumbo.

Cuando ya has caído, te levantas y sigues adelante con más fuerza. No mires hacia atrás, libera y suelta cuando notas que estás cansada. No son tus tareas ni la vida, son preocupaciones.

Algo importante para que todo empiece bien es tener una buena salud. Tanto física, mental y social, así que si careces de ella lo que tienes que hacer en primer lugar es enfocarte en ella.

Cuando en este sector de tu vida te sientas bien y controlado, lo siguiente es la economía.

Por eso ahora hablaremos de dinero.

21.

EL DINERO

El dinero es solo un medio de intercambio para poder conseguir lo que **tú** deseas.

Tiempo atrás, el trueque era el sistema comercial para intercambiar unos productos por otros (trigo, manzanas, etc.), pero esto se dificultaba en el trasporte y el valor.

Y con el dinero el comercio se simplificó.

En nuestro tiempo el dinero ha cobrado mucha importancia hasta llegar al punto de tener dependencia de él y sin él no podríamos vivir en esta sociedad.

Hemos aprendido a depender tanto de él que hay personas que han dejado de lado sus principios con tal de obtener más dinero. Pueden robar, matar, abandonar, etc.

Hay muchas personas que tienen un mal concepto del dinero. Si tú tienes una mala emoción hacia el dinero nunca podrás conseguirlo, nunca vendrá hacia ti. Pero si tienes una buena emoción del dinero podrás tener lo que quieras. El dinero es neutro e ilimitado.

¿Te gustaría que te dijera cómo puedes hacer para ayudarte a mejorar tu economía?

Hablar de dinero y negocios es algo que me apasiona. Siempre me gustó emprender.

Pero no siempre se gana. Cuando tu emprendes tienes un periodo de aprendizaje que te llevará tiempo y esfuerzo y esto no se enseña en el colegio. A través de este aprendizaje es lo que te hará tener ese conocimiento para emprender en lo que te guste.

No sé de dónde me vino esta afición, pero desde luego es algo que me apasiona y no paro de aprender.

Pero también es como si fuera un tema tabú. No puedes tener una conversación fluida hablando de dinero y es importante ocuparnos de ello para llevar un control.

Cuando sientes que tienes que ocuparte, automáticamente lo relacionas con preocupación y eso ya no te gusta. Es como si fuera nuestro enemigo. Tenemos unas creencias erróneas de los mitos del dinero que nos han inculcado desde pequeños como que "el dinero no da la felicidad", "el dinero no crece en los arboles", "eso es cosa de ricos", "hay que trabajar duro para conseguirlo"… Y todas esas palabras negativas se van acumulando en nuestras emociones que no nos benefician.

Para querer aprender de algo que nos gustaría mejorar tenemos que ser humildes y reconocer que no tenemos los resultados que nosotros queremos. No solo en el tema del dinero, sino en cualquier ámbito. Es algo que tenemos, una insuficiencia de conocimiento. Por lo tanto, si decides emprender como para tener una economía fluida tienes que tener unas buenas bases y el resultado será un éxito financiero.

El dinero es un medio para poder conseguir lo que deseas incluido el tiempo.,

El dinero, para saber gestionarlo, es importante saber en qué manos cae, ya que nos puede llevar a la ruina o por el contrario podemos hacer crecer mucho más nuestra economía.

Hay una estadística que dice que personas a las que les tocó varios millones de dinero y no supieron gestionarlo en menos de 5 años ya lo habían perdido todo.

¿Por qué quiero hablarte de dinero? Pues porque en 2011 tomé la decisión de dejar mi negocio asegurarme un sueldo, algo tentador y muy atractivo. Piensas que será más fácil, quitarte de preocupaciones, trabajar tu mes y tener tu sueldo. Pero querido lector, lo fácil no es bueno y a la vida le gusta el riesgo. Como dice mi mentor: cuando tengas que decidir entre dos caminos, elije el más angosto. Ese te llevara al éxito en tu vida.

Pero la vida te enseña; me dio una lección y muy grande. Aprendí mucho y, sobre todo, me di cuenta del potencial que yo tenía para liderar en mi propio negocio.

Esta aventura solo duró 2 años porque pronto me di cuenta de que de esta manera no podría conseguir mis propósitos y decidí dejarlo. Me encontré sin nada y empezando de cero.

Si tú quieres triunfar a nivel económico, tengo que decirte que no lo conseguirás trabajando para otra persona.

Tienes que tener tu propio negocio.

Pero aumentar tu economía es algo que lleva su proceso y es en 5 o 10 años. Si sigues los pasos verás los resultados.

En mi caso, te diré que pasé de no tener nada a tener tres negocios y camino de un cuarto.

Pero quítate los mitos de que no se puede. Aleja pensamientos negativos, visualízate siendo tu propio jefe y teniendo tiempo para ti.

Gestiona tu tiempo en algo productivo.

En este tiempo aprendí todo lo que hoy te voy a contar a ti.

Tenemos que poner la intención en lo que queremos conseguir y tenemos que saber conceptos básicos de lo que son activos y lo que son pasivos.

Activos son cualquier cosa que mete dinero en tu bolsillo. Puede ser anual, mensual o diariamente. Aquí tenemos dos tipos de ingresos: activos pasivos (son los que entran en tu bolsillo sin tener necesidad de trabajar TÚ por él) y activos (tienes que trabajar tú, por ejemplo, tu salario. Tú trabajas tus horas y al final del mes la recompensa es tu sueldo).

Pasivos son lo que te sacan el dinero de tu bolsillo. Ejemplos: una hipoteca, un préstamo, tarjetas de crédito, un viaje, etc.

¿Y dónde nos enfocamos desde jóvenes? En los pasivos.

Es lo habitual de la clase pobre. Si tenemos algo de dinero compramos algo que nos va a generar más gasto. Cuando llegamos a la juventud nos compramos un coche que nos genera un gasto, un buen móvil que lo vamos pagando y ese es otro gasto, etc.

Como ya sabemos lo que son activos y pasivos, nos enfocaremos en los activos.

Ante todo tienes que tener una claridad total de qué es lo que te gustaría tener económicamente. Solemos cometer el error de pensar lo que yo no puedo tener, pero la otra persona sí tiene y si nos enfocamos en eso estaremos vibrando en la escasez. Y, por lo tanto, traeremos escasez. Tienes que enfocarte en que todos somos abundantes y puedes conseguir lo que tú quieras.

Cuando eres consciente de que hay para todos, vibramos en la frecuencia de la riqueza. Te hablaré del cuadrante del flujo del dinero de Robert Kiyosaki.

EMPLEADO **AUTO–EMPLEADO**	**DUEÑO DE NEGOCIOS** **INVERSORES**

Si tú eres una persona activa tienes que estar en cualquiera de estos cuadrantes.

Los Empleados y Auto-empleados son los del lado izquierdo.

Y los dueños de negocios e inversores son los del lado derecho.

Estos ganan su dinero a través de negocios o inversiones. Tienes que identificarte en qué grupo estás.

¿Cómo saber en qué cuadrante estás? También es bueno saber en qué lado están las personas de tu entorno. Somos la media de las cinco personas con las que nos rodeamos económicamente.

Los empleados: son personas que buscan un trabajo seguro con grandes beneficios y no están interesados tanto en el dinero. No están dispuestos al riesgo. La mayoría de las personas están en este cuadrante.

Las personas auto- empleadas: son las que ponen su precio por sus horas (autónomos). Son personas a las que no les importa el tiempo que tengan que invertir para terminar su tarea. Son perfeccionistas, les gusta ser su propio jefe y no depender de nadie, les cuesta delegar, piensan que nadie hará el trabajo mejor que ellos… Son personas esclavas de su trabajo. Aquí encontramos personas como arquitectos, carpinteros, peluqueros, etc.

Pasamos al lado derecho del cuadrante.

Dueños de negocios: son personas que contratan personas cualificadas para que trabajen para ellos, incluso mejor que ellos solo supervisan. A diferencia del A que no quieren delegar, el D delega.

Para saber si tu negocio está bien, piensa por un momento…

Si tuvieras un largo de periodo de tiempo sin estar tú presente en tu negocio y estuvieras en el D no pasaría nada. Tu negocio seguiría funcionando y aportándote dinero en tu bolsillo, pero si estás en el cuadrante A y no estuvieras tú por un largo tiempo en el negocio, probablemente ya no existiría.

Y, por último, el de los **inversionistas**. Son personas que no tienen necesidad de ponerse a trabajar porque su dinero ya trabaja para ellos. Aquí se encuentran las personas más ricas y millonarias. Están centrados en hacer crecer sus inversiones.

La libertad financiera está en el cuadrante derecho y no en el izquierdo. Puedes ser empleado y auto – empleado, ganar mucho dinero, pero mientras estés trabajando a cambio de dinero no serás libre financieramente.

No pasa nada si estás en el cuadrante izquierdo. Todos empezamos por ahí, pero es importante saber que antes de **HACER** hay que **SER,** luego **HACER** para luego **TENER**. Para estar en el cuadrante derecho no hace falta tener estudios universitarios ni tener dinero. No es un requisito indispensable.

Pero sí tienes que re-programarte mentalmente para dejar de lado ese pensamiento de escasez y empezar en términos de abundancia. Tienes que dejar los miedos a un lado y el "qué dirán" y creer firmemente en ti.

Pero con esta información ya sabemos que tenemos que trabajar inteligentemente y no trabajar por dinero, sino pensar qué puedo aportar a mi cliente, dándole más valor, encontrando su necesidad y así solucionárselo. A raíz de ahí el dinero vendrá a ti...

Cometemos el error de pensar en el dinero y con esa escasez no seremos abundantes.

Te daré algunos *tips* para que empieces.

1) Crea tu propio negocio YA.

2) Asume el control de tu efectivo.

3) Conoce el riesgo.

4) Decide qué tipo de inversionista quieres ser. Cuidado con las inversiones trampa. ¡Asegúrate bien en qué empresa quieres invertir!

5) Convierte los desafíos que te pasen en fortalezas para aprender.

6) Nútrete de algún mentor que te guíe en el área donde quieras emprender.

7) Y, sobre todo, ten mucha **FE** en ti, en tu propósito y piensa si alguien ya lo ha hecho. El siguiente serás TÚ.

En el siglo XX lo más normal era tener unos buenos estudios, tu carrera y poder conseguir un buen empleo. Ese era tu objetivo para vivir.

En el siglo en el que estamos, el XXI, todo ha cambiado mucho. Ser emprendedor de tu propio negocio, tener un mentor con resultados que te guíe y te enseñe, trabajar desde casa, decidir tú qué horario es el que más te conviene…Para poder hacer todo esto hay que desprogramar todo lo que hasta ahora tenías en tu consciente y eso lo conseguirás aprendiendo de un mentor con resultados.

Ser emprendedor en esta sociedad es un reflejo de cómo está nuestra sociedad, querer **TENER** y no estar dispuesto a **HACER.**

Con todo esto nos encontramos personas frustradas en unos trabajos que no les gustan, con malas caras por las mañanas, descontentos con sus sueldos y teniendo necesidad de tener días de fiesta o vacaciones para desconectar de esa rutina tan desagradable.

Estamos en épocas de vacaciones. En España es muy habitual que en el mes de agosto se coja el mes de vacaciones.

Hace unos días me preguntaron cuándo hacía vacaciones, que tenía que desconectar, que era necesario… La verdad es que me paré un segundo para contestar y le dije que yo no tenía necesidad de desconectar, que me gusta mi trabajo y podía cogerlas cuando yo quisiera.

Es cierto que hay un porcentaje alto de personas que están trabajando en un trabajo que no les gusta. Pasan un montón de horas y al final de mes siguen igual. Y vuelta a empezar.

Están en la rueda de la rata. Giran, giran y no se mueven. Siempre están en la misma situación.

Así que te animo a que lo intentes porque lo **conseguirás.**

> **NO IMPORTA**
>
> **CUÁNTO TIEMPO**
>
> **ESTUVISTE CAMINANDO**
>
> **EN UNA DIRECCIÓN EQUIVOCADA**
>
> **SIEMPRE TENDRÁS EL PODER**
>
> **PARA DARLE LAS VUELTA.**

Mientras, llega el momento de invertir te diré pautas para gestionar tu dinero.

El 55 % de tu sueldo será para alquiler de vivienda, comer, pagar tus facturas mensuales, salud, etc.

Tus gastos no tienen que superar el 55 % de tus ingresos totales.

El 10 % lo dedicarás a tus inversiones y este dinero nunca, nunca, lo tocarás a no ser que vayas a invertirlo para ganar más.

Otro 10 % a la formación. Es importante que sigas formándote para tu crecimiento y aprendizaje.

Otro 10 % para diversión. Es importante que tengas esta área cubierta también. No puedes fluir en riqueza si aquí te sientes frustrado.

Un último 10 % que es el ahorro a largo plazo. Lo destinarás a no tener que pedir ningún crédito al banco cuando lo necesites.

Un 5 % a donativos. La vida nos enseña a ser generosos ya que cuánto más das más recibes.

Esta sección no significa que en principio, si no ganas lo suficiente, lo ofrezcas en dinero. También puedes donarlo en tiempo como ayudar a personas que lo necesitan, alguna caridad, etc.

Sé que te costará un poco adaptarte a las nuevas normas. A mí también me costó, pero luego verás lo agradecido que será cuando quieras hacer un viaje y no tener que preocuparte por el dinero porque ya lo tienes, o tener algún improvisto y poder reponerlo.

Tienes que adaptarte y si no te es suficiente vivir con el 55 % pues tendrás que buscar recursos para incrementar tu sueldo.

Pero eso sí, seguirás con la misma temática. Más gano, más ahorro.

Tienes que identificar si tienes deudas malas. Estas son las que te quitan dinero de tu bolsillo y serán las primeras que tendrás que quitarte (créditos, tarjeta de crédito, etc.). Esto lo pagarás con el dinero que estás ahorrando de tu 10 % de ahorro a largo plazo.

Estas deudas son las que suelen tener un interés más alto y por ese interés más alto es por donde empezarás. Seguidamente, irás bajando al interés que tengas más bajo hasta conseguir no tener ninguno.

TUS DESEOS SERÁN TU MOTIVACIÓN.

La economía de María

María, una chica joven de 32 años, estaba viviendo en un momento donde sentía que las cosas le estaban saliendo bien. Por fin había conseguido un trabajo estable; era responsable de marketing de una multinacional. Se sentía feliz, así que decidió que ya era el momento de independizarse y dejar la casa de sus padres.

Seguía los patrones estipulados. Tener un trabajo, una casa y consiguió comprarse su propio coche.

Su ilusión siempre había sido independizarse y poder viajar, pero habían pasado ya dos años y no lograba reunir dinero suficiente para ese viaje. No quería depender de sus padres así que la única opción que le quedaba era coger un préstamo, algo que le daba demasiado miedo. Sus padres le habían inculcado no gastar más de lo debido y mucho menos pedir prestado, pero no le quedaba otra opción. Pensó "¿por qué no?". Y con esta decisión consiguió hacer el viaje que siempre quiso.

Durante el viaje tuvo tiempo suficiente para pensar y hacer balance de su vida. Sabía que algo tenía que cambiar.

Sentía que estaba estancada. Tenía un buen trabajo, pero no le era suficiente para llegar a los objetivos que le gustaría. Había perdido la ilusión del principio y empezó a darse cuenta de que algo no estaba haciendo bien. Vivía bien, pero solo trabajaba y pagaba. Algo debía cambiar.

Todos en esta vida necesitamos tener ilusión por algo. Cuando pierdes la ilusión es una señal de que algo hay que cambiar.

Hubo un día el que tuve una llamada. Era María. Me hizo mucha ilusión porque hacía tiempo que no sabía nada de ella (nosotras nos conocíamos varios años atrás). Después de saludarnos me comentó lo que le estaba sucediendo, las sensaciones que estaba teniendo. Se paraba a pensar y se daba cuenta de que no tenía derecho de quejarse, pero no se estaba sintiendo bien con su vida.

Me preguntó si le podía ayudar. Obviamente le dije que sí. Después de contarme cómo era su día a día y una serie de preguntas, nos dimos cuenta de que se estaba equivocando. Tenía una mala gestión económica, así que nos pusimos manos a la obra. Le propuse que hiciera el plan del 55 % y ahorrase todo lo demás, con lo que no tenía imprevistos de última hora.

Pudimos trabajar también los bloqueos mentales que tenía instalados en su subconsciente, lo que le impedía ser abundante económicamente.

Y encontramos su propósito de vida. Algo que le gustaba y lo hacía por hobby, pero nunca pensó que pudiera vivir de ello.

Hoy María es una persona nueva. Compagina su trabajo con su pasión, que es ayudar a personas con sus relaciones de pareja. Tiene su propia técnica. Tiene el poder de adentrarse en las mentes de las personas y a través de sus terapias guiarlas hacia su destino, con éxito.

GRACIAS, MARÍA, POR ELEGIRME COMO TU GUÍA.

¿Para qué trabajas tú?

22.

GESTIÓN DEL TIEMPO

Aquí, lo primero que tengo que decirte es que todas las personas tenemos el día con 24 horas. Es decir, todos los días son iguales para todo el mundo. Simplemente es saber en qué lo empleas o no y para eso es importante tener claridad y saber hacia dónde quieres ir.

Tienes que tener tus prioridades definidas. Hay personas que con el hecho de decir "no tengo tiempo" ya se creen que son más importantes que tú y no saben reconocer que no saben administrar ni su tiempo, ni saben cuáles son sus prioridades.

Si en algún momento piensas que no tienes tiempo, también es porque en lo que te estás enfocando no es primordial para ti.

Busca lo importante, lo que te haga sentirte bien, y cada día busca una hora para dedicarle ese tiempo.

La excusa más absurda y común que solemos tener para excusarnos de algo es decir "no tengo tiempo". Sé honesto contigo mismo. Es mejor decir "no me apetece", "tengo algo más interesante que hacer", "tengo una reunión"…, pero nunca pongas de excusa el "no tengo tiempo".

Esta frase te crea una emoción que transmites hacia ti y es totalmente negativa.

Te propongo que hagas una lista de cosas que tienes olvidadas y no las has podido hacer.

Márcate solo 6 o 7, no mucho más, porque encontrarás que te agobiarás al ser demasiadas cosas que cumplir. A medida que las vayas cumpliendo, vas apuntando más, hasta que las hayas terminado todas. Te puedo asegurar que la sensación que tendrás es que tienes tiempo suficiente para todo y, sobre todo, es muy enriquecedor.

También tenemos cosas rutinarias que nos roban el tiempo y no somos conscientes. Por ejemplo, mirar el correo a primera hora de la mañana, los mensajes, pensamientos que no están nada clarificados y hacer tareas que no nos van aportan el resultado final de donde queremos llegar.

Tienes que tener plena consciencia y concentrarte en lo que estás haciendo. Es decir, si normalmente tardas en hacer tu tarea 8 horas tienes que intentar hacerlo en un 20 % menos de tiempo. Es seguro que lo conseguirás si estás plenamente concentrada en tu tarea.

Elimina todas las posibles distracciones porque sin darnos cuenta son muchas las que tenemos y no somos conscientes de ello.

Tener una agenda.

Tener una buena planificación apuntada de tu día anterior, te ahorrará tiempo en tu realización del trabajo. Solo tendrás que comprometerte al terminar el día de haberla cumplido.

Evita interrupciones de personas externas que te impiden realizar tu trabajo.

Si has de tener una reunión laboral, asegúrate de no ser a primera hora de la mañana, cosa que se puede alargar demasiado. Una buena hora puede ser cuando termines tus tareas o una hora antes de la hora de comer.

En las reuniones se habla de trabajo, pero no se trabaja, solo de cómo se va a realizar cualquier gestión.

Aprende a decir NO. Tenemos tendencia a llenar mucho nuestra agenda diaria y eso nos puede dar agobio por no llegar a todo. Ten tu agenda con un poco más de margen de tiempo, porque si no tendremos la sensación de no llegar a todo.

Y, por último, ¿cómo empezarás tu día? La primera hora de la mañana la dedicarás a ti, a lo que tú quieras. Eso te dará la sensación de aprovechar tu día.

Espero que con todas estas pautas a seguir estés sirviéndote para trasformar tu nueva vida, porque tengo el compromiso moral de hacerlo como yo trasformé la mía.

"Voy a buscar lo que me hace feliz".

¡Así que prepárate, voy a por ti!

23.

APRENDIENDO A AMAR

Cuando sales de una relación, cuando tu autoestima se perdió, no te sientes guapa, perdiste toda tu esencia como mujer y piensas que nunca nadie se fijará en ti, te sientes muy triste, porque tú tienes mucho que dar, pero también te gusta recibir, pero te das cuenta que quieres sentirte amada, que te quieran y tu querer.

El amor es una parte muy importante para el ser humano, sentirte amada y tu amar, pero cuando eres joven todo el mundo esperamos nuestra media naranja y empiezas a tener relaciones que cuando se va la ilusión de los primeros meses, te das cuenta que no es la persona, porque la pareja es la proyección de ti misma y empiezas a ver el lado oscuro de lo que a ti no te gusta, y rompemos la relación.

Volvemos a otras similares, que terminan más o menos igual, pero el destino nos las va poniendo cada vez más dolorosas, porque se va intensificado lo que a ti no te gusta,

Entonces es cuando nos viene el desánimo y nos sentimos frustradas y eso nos genera fracaso, porque empiezas a observar parejas que se ven felices que llevan juntos muchos años, y entra en juego nuestras creencias de que la pareja es para toda la vida y empiezas a tener una reflexión contigo misma y te preguntas:

¿Qué es lo que pasa conmigo?

¿Soy rara?

¿Tendré que estar mi vida sola?

¿Seré muy exigente?

¿Por qué no me amoldo a las personas que me llegan si son buenas personas?

Y ahí es cuando tu autoestima baja, pero te diré algo. Mi experiencia con parejas que me consultan, que aparentemente son felices, después de varios años llegan a un punto que es conveniencia y llegan a un acuerdo por apariencia, sociedad, trabajo, hijos, economía, miedo a estar solos…

Pero en el fondo no hay pareja como tal. NO HAY AMOR.

Pero tú sabes que el amor es un trabajo que has de hacer tú sola. Y, por supuesto, que puedes compartir; pero la mayoría de las relaciones están basada en la carencia.

Por todas las experiencias vividas en un pasado.

Cuando por fin crees que has encontrado tu pareja, te vuelves a ilusionar como una niña de juventud. "¡Por fin tengo pareja!". Empiezas a decírselo a todo el mundo. Es como si pensaras "ya soy normal, ya tengo lo que todo el mundo tiene para ser feliz".

Pero ese tiempo es algo pasajero porque no somos conscientes de que somos nosotros mismos los que estamos proyectando de manera exagerada. Porque creemos que somos felices.

Pero cuando llega la otra parte, la de las discusiones y el no estar de acuerdo en muchas cosas, es lo mismo. Pero aquí estamos proyectando nuestro lado oscuro. Es como si tuviéramos una moneda con las dos caras, pero todo es uno.

Pero nuestra pareja nos está dando la oportunidad de ver nuestra sombra fuera, que se proyecta en él, cosa que tendríamos que aprovechar para corregir porque es una herramienta muy buena para nuestro auto-conocimiento.

Esto sucede porque tú, como ser humano, no has aprendido a quererte y a cuidarte, y no sabes hacerte feliz.

Y estamos esperando a que la persona que llegue haga todo eso por ti. Que te ame, te cuide, te respete…, cuando TÚ no lo has hecho por ti. Pero esa persona también espera de ti que tú lo cuide, lo ames y lo respetes.

Pero si tú no lo has hecho por ti, ¿cómo lo vas a hacer para otra persona?

Y entramos en la fase de malestar y le dices que te ha decepcionado, no me quieres, no te interesa cómo me siento, tú no me amas…

¿Pero cómo podemos pedir algo cuando nosotros mismos tampoco lo hemos hecho? Lo primero que tenemos que hacer es llenarte TÚ de amor y cuando estés llena podrás dar a otra persona. Y como ya sabemos… Cuánto más des, más recibes.

Pero esto no quiere decir que no vayas a encontrar esa pareja que te hará feliz, porque sí existen parejas felices. Un porcentaje bajo, pero sí las hay.

Cuando eres consciente ves la realidad de que todos somos uno y que tu pareja es tu propia proyección, que no puedes dar lo que no tienes y que todo lo que no te gusta de tu pareja es lo que tú tienes que corregir en ti. Todo es un aprendizaje.

Cuando pasamos este aprendizaje asumes que la pareja que te llega no te hará feliz.

Y te preguntarás: si no viene a hacerme feliz, ¿para qué viene?

Te llega para hacer ese camino juntos, sin reproches, siendo cada cual responsable de sus propios actos e independientes, y trasmitiendo amor.

La energía del amor se extiende y cuando esto se junta es como decir 1 más 1 son 2, y es cuando una persona se dice que te suma.

Pero todo esto se consigue con un aprendizaje previo en la vivencia diaria y además merece la pena.

Todo el mundo deberíamos aspirar a tener esa pareja porque es un crecimiento. Todas las relaciones humanas nos permiten crecer, pero la pareja es en la que estás reflejándote las 24 horas y es algo bonito para poder crecer.

"Quiero tenerte, me gusta tu sonrisa.
Cómo me miras, sentir la adrenalina,
cogerte de la mano, reírnos de la vida.

Quiero tenerte, sentir los latidos de tu corazón
y juntos los dos perder la razón.

Quiero tenerte, tú lo sabes. No solo son palabras.
Quiero tenerte y son verdades".

No dejes pasar el amor. Es bonito y difícil de explicar. Ese sentimiento que te hace volverte niña sin pensar. Ilusiónate por el aire que respiras, por tu sonrisa, porque estás viva, porque te hará querer hacer esas travesuras que solo se hacen cuando estás enamorada. Tu rostro cambia, se ilumina, tu piel se vuelve más tersa… Estás empezando a ser **TÚ.** Hay un nuevo renacer, algo bonito que ver. ¡Cómo te quieres! Me gusta verte así, contenta y feliz.

"Bienvenida, tu cambio te está esperando. No lo dejes pasar"

LA FELICIDAD

La felicidad es una emoción que se produce en una persona cuando cree haber alcanzado una meta deseada. Pero déjame preguntarte algo.

¿Te sientes feliz? No para todas las personas la Felicidad tiene el mismo significado. Para algunos es tener más salud, otras tener economía y otras tener una vida en armonía con su pareja.

Algunos psicólogos han tratado de caracterizar el grado de felicidad mediante diversos test y han llegado a definir la felicidad como una medida de bienestar que influye en las actitudes y el comportamiento de cada uno de nosotros.

Las personas que tienen un alto grado de felicidad muestran generalmente un enfoque positivo, al mismo tiempo que se sienten motivadas a conquistar nuevas metas.

Al contrario que las personas que no sienten ningún grado de felicidad, que muestran un enfoque del negativo sintiéndose frustrados con el desarrollo de su vida y atribuyendo la culpa al resto de la sociedad con la que conviven.

Ahí viene el dicho: ¿cómo ves tú el vaso, medio lleno o medio vacío?

Personas que se sienten feliz por cosas externas como hemos mencionado (dinero, pareja o simplemente que los hijos les den alguna alegría). Realmente eso no es felicidad. La Felicidad no tiene nada que ver con las cosas externas que te puedan venir.

La verdadera Felicidad es el estado natural de tu propio SER. Es lo que te viene de dentro y eso se consigue estando conectado con tu propia esencia. Es cuando eres consciente del estado presente, AQUÍ y AHORA.

De hecho, la Felicidad es nuestro estado natural, pero la vida que llevamos no es lo natural. Llevamos vidas prefabricadas, nos conformamos con pequeñeces, cuando podríamos ser mucho más felices.

Y ahora, ¿TE SIENTES FELIZ?

Continuos cambios

Estamos en un periodo de transición y evolución. Estamos en término de la era de Piscis, donde en lo negativo tuvo que ver mucho con mentiras, ilusiones, secretos, misterios… Por eso se le llama también la era de la mentira y la decepción.

Solo tenemos que mirar a nuestro alrededor y ver todo lo que se construyó en la era de Piscis, donde todos vamos hacia el mismo lado, condicionándonos a hacer lo que la sociedad nos impone y, por ende, estando muy controlados.

El signo de Piscis se identifica con dos peces unidos entre sí por extremos opuestos que significan sacrificio y lucha.

Entramos en la era de Acuario, donde lo masculino y lo femenino se unen. El YIN y el YANG y los dos polos opuestos se unirán. Será un renacer de todo lo vivido.

Pero ahora, estamos en el punto de levantamiento de los velos donde las mentiras han sido expuestas ante el mundo. Ahora es el momento, donde cada vez más personas se están dando cuenta de lo que hemos venido a hacer a este mundo y encontrarse con su esencia, aunque venimos de mentiras y engaños. Estos cada vez se irán desvaneciendo poco a poco y caminaremos hacia la armonía y la felicidad.

Pero como todo en la vida, tú tendrás la oportunidad que te da el universo de seguir adelante con este nuevo cambio o seguir como estás. La decisión siempre la tendrás TÚ. Tendrás confusión, verás que todo está cambiando, pero irás hacia la abundancia.

El Destino

"Nunca he tenido ningún tipo de resentimiento hacia el destino".

Puso a las personas adecuadas en mi camino. Algunas me enseñaron el significado del amor, otras a que no debo entregar demasiado el corazón.

Aprendí que los ex amores no son errores, porque a pesar de todo suelen dejar unas lecciones. Que los tropiezos hacen que cada vez duelan menos las caídas. Que al final siempre llegan a sanar las heridas, Que nada se olvida, pero que debemos recordar solo lo que en su momento alegró nuestra vida.

Aprendí que nada puede golpearme, al menos que yo lo permita. Y sobre todo aprendí que antes de amar a alguien debo aprender primero a amarme.

Y es que cuando uno aprende amarse, son pocas las cosas que logran lastimarte.

Escritos.

El ojo del dios de las aguas

Esta mañana me quedé dormida. Mi gatita Gorda (así se llama) vino a despertarme. No necesito ningún despertador, ella se encarga con su carita de decirme "¡levántate ya!".

Me levanté, me tomé mi café, ya empezaban los primeros rayos del sol a entrar por la ventana. Me dispuse a darme un baño y a hacer mis ejercicios en la playa. Hacía días que no había podido ir y pensé "¡hoy va a ser un gran día!".

Empecé a caminar por la orilla del mar para posteriormente hacer los ejercicios. Siempre es beneficiosos para el cuerpo y si el entorno es el mar, mucho mejor. Para mí es un placer. Su sonido me conecta con mi interior y es súper relajante para nuestra mente.

A lo lejos vi a Vicente, un señor jubilado que cada mañana pasaba el ratito cogiendo unas piedras de mar. Hacía días que lo veía, pero nunca le dije nada.

Cuando llegué a su altura le pregunté:

—¿Qué es lo que busca aquí, dentro del mar?

Me contestó:

—Son unas piedras que se llaman "ojos del dios de las aguas" y son unas piedras que traen mucha suerte. Tú la vas a tener, ¡te voy a dar una, no serán dos! Te traerá mucha suerte en tu vida y hoy tendrás un gran día.

Me despedí dándole las gracias y me dispuse a seguir con mi caminata.

"Hoy será un gran día" fue lo primero que dije al levantarme y de momento no me equivocada.

Todo lo que está en tu mente llega a ser realidad. Si tú crees que será un buen día lo será, pero si también crees que no lo será tienes toda la razón, no lo va a ser. Acuérdate que nuestra mente nos puede hacer una mala pasada, así que, ¿cómo te levantaste hoy tú?

¿Hoy decidiste tener un buen día o por el contrario te quedas en casa sin moverte, acordándote de esos pensamientos negativos que vienen a tu cabeza?

Sal de casa, relaciónate con la gente nueva que llegarán a tu vida por algún motivo, camina. Los rayos del sol te fortalecen los huesos y te llenarás de energía. Mientras caminas, deja que entre en tu mente los mensajes del universo. Son los que tienes que oír. Cuando tengas alguna duda pregúntale, te responderá, y el primer pensamiento que te llegue es como tienes que actuar. No lo dudes.

Y sobre todo, quiérete.

Te contaré una anécdota que me pasó cuando empecé mi nueva trayectoria como escritora. Yo llevaba tiempo atendiendo a una clienta en mi trabajo cara al público. Pongo guapas a las personas.

Nunca me había comentado a lo que ella se dedicaba, pero ¿sabes esas personas que cuando las ves te transmiten esa paz? Notaba que había sintonía, pero lo más curioso es que a ella le pasaba lo mismo.

Solo cuando yo estaba metida en mi nuevo propósito un día me comentó:

—¡Soy escritora!

No me lo podía creer. ¿Por qué me lo dijo si yo no le pregunté? Pues porque el universo dijo que ahora era el momento.

Todos estamos sincronizados y vibramos con una frecuencia con la que atraes a un tipo de personas que tienen algo en común contigo. Unas veces es para ir acompañándote y otras para aprendizaje.

Recuerdos de tu niña interior

Hoy te levantas triste y no sabes qué te pasa. No tienes ningún motivo, todo te está saliendo bien. Tienes esa corazonada de que tu vida va por buen camino. Ves tu trayectoria encaminándose y te visualizas en un sendero limpio, tranquilo, con flores. Estás volviendo a encontrar esa paz que hace tiempo no tenías. Todo está siendo controlado y estás teniendo tiempo para ti.

Decides salir a caminar un rato. Es muy temprano. Te gusta la naturaleza, pero lo que más te gusta es ese aire que por la mañana te da sobre tu piel. Es agradable. No hay nadie, todo está en silencio. La gente aun duerme.

Empiezas a caminar tranquila, pausada. Oyes el ruido del agua. No muy lejos hay un río y decides ir hacia allí. Te gusta lo que ves. Hay varios árboles rodeando ese sendero del río, pero hay uno en particular que te gusta. Es más grande y hay una piedra grande debajo de él. Parece como si estuviera puesta para pedir un deseo y decides sentarte.

Te sientes en paz, tranquila, y te vienen recuerdos a tu mente de tu niñez. Te acuerdas de cuando paseabas con tus padres los domingos por la tarde, y nos parábamos en la sombra de un árbol. Tu padre con su radio escuchando el partido de fútbol, tu madre tranquila a su lado...eran momentos muy bonitos y te sentías muy feliz. Pasan unos minutos y notas que brotan de tus ojos unas lágrimas, te das cuenta de que esa niña ya no es feliz. Se siente sola, la hemos descuidado, no pensaste en ella.

La niña interior que todos llevamos dentro llora. No le haces caso, está muy sola. Tus padres ya no están para cuidarla.

Y tú no pensaste nunca en ella. Tenías muchas cosas en que pensar. Nunca te paraste en pensar en **TI**, en tu interior, y tenemos que hacer que nunca más se sienta sola. Que se sienta querida porque esa niña que va contigo eres **TÚ**.

24.

SANANDO TU NIÑA INTERIOR

Bien, esto viene desde cuando estábamos en el vientre de nuestra madre. Es importante saber cómo fue tu parto, qué sintió tu madre, qué tan doloroso fue… Cuanto más traumático fuera tu parto, esto te determinará de una manera u otra en tu vida de adulto.

Esto va relacionado con tus padres.

No es tanto lo que sucedió, sino cómo lo interpretamos. Es inevitable el dolor y las heridas porque no las tenemos sanadas, pero no podemos darles esa carga a nuestros padres porque si no, nos estaríamos comportando como niños, pero niños infantiles y egoístas.

Y eso es lo que pasa en nuestro mundo. Vemos personas de adultos de 40 o 50 años que se comportan como niños, pero recordar nuestra infancia casi siempre es doloroso porque sabemos que tenemos que afrontar muchos miedos, y eso no nos gusta porque veremos que ese niño interior está herido y hay que sanarlo.

Cuando el niño interior lo tenemos herido es porque una parte de nosotros mismos se quedó en el trauma de un momento difícil que vivimos en nuestra infancia.

Yo, desde mi experiencia, cuando visualizo y me identifico, mi niña interior está entre 5-6 o 7 años. Por lo general son esas edades las que nos generan esas experiencias traumáticas que cuando somos adultos tendremos que sanarlas.

Hay estudios donde dicen que estamos repitiendo esas heridas hasta sanarlas para poder avanzar en nuestra vida.

Hay heridas que han sido descritas por algunos investigadores y que son cinco las más comunes.

Primero tenemos que identificar qué tipo de herida tiene tu niña interior.

1) **Rechazo:** puede ser real o simbólico. Por ejemplo, puede ser que la madre no deseara tener el bebé y este pensamiento puede generar en el bebé el rechazo. Un ejemplo real puede ser que sus padres no lo querían y lo dieran en adopción. Para sanarlo tienes que enfrentarte a todo lo que te da miedo, dar la cara, dejar de huir y aceptarte a ti misma. Una frase sanadora sería repetir varias veces al día: **YO ME ACEPTO.**

2) **Abandono:** puede ser porque ha estado alejado de sus padres o de uno de ellos. Que algunos de sus padres o los dos murieran y viven su muerte como abandono, o niños que han estado en incubadoras por un tiempo. Para sanarlo hay que elegir momentos de soledad y no nos damos cuenta de que en esos momentos es cuando nos podemos conocer a nosotros mismos y encontrar las respuestas. Tienes que ser tu mejor amiga. Tu frase sanadora sería: **YO ESTOY A SALVO.**

3) **Abuso**: son personas que en su niñez alguien las obligó en el tema sexual o la vieron mientras se duchaba y ella lo vio. Son personas que no pueden decir que no, son víctimas. No cuentan con nadie. Ellas lo saben todo y no pueden dejar de ser víctimas porque dejarían de quejarse y eso no lo quieren. Para sanarlo tienen que saber decir que no, sin sentirse culpables. Tu frase sanadora sería: **YO MEREZCO.**

4) **Injusticia:** llevan mucho tiempo siendo hijos únicos y de pronto llega otro hermano y piensas que tienen que compartir lo que tienen y eso no les gusta. Son personas con rigidez, excesivamente ordenados. No pueden ver algo torcido o fuera de lugar, todo tiene que estar en orden. Suelen darse cuenta si les cambias algo de lugar y eso le crea mucha incomodidad. Son personas a las que solo les importa su punto de vista. Tienen que ser más flexibles, ver la opinión de otras personas sin juzgarlas. Algo que les haría mucho bien sería practicar yoga. Cuando tu cuerpo está más flexible tu mente también lo está. Tu frase sanadora sería: **YO PUEDO.**

5) **Traición:** pueden haber tenido un engaño o una traición, o que también pudieran haberlo visto en otra persona. Puede ser también que en un momento pidiera un regalo que prometieron que lo iba a tener y por alguna razón no lo cumplieron. Son personas controladoras, celosas excesivas. En el trabajo no pueden delegar porque no confían en los demás. Tienen que trabajar su auto-confianza y dejar de ser tan perfeccionistas. Algo que les puede ir muy bien es pintar

mandalas saliéndose de la raya y que los colores no combinen entre ellos. Tu frase sanadora sería: **YO CONFÍO.**

Si te generan conflictos en tu entorno y no estás en paz, hay un niño herido que hay que sanar.

Hay heridas que pueden ser nuestras o heredadas. Si no nos identificamos con ellas es que pueden venir de nuestros padres, abuelos o ancestros.

Todo tiene un proceso. Mira tu pasado, ve tu niña interior y no sufras. Dile que has venido para cuidarla, sanarla y abrazarla. Nunca más estará sola, ya la tienes de nuevo. Juntas otra vez.

Poema a la niña interior

Te miraba y no te hacía caso,
no pensé que me necesitaras.
Te sentí llorar y te ignoraba,
estaba inmersa en mi mundo
por situaciones,
que hoy no tienen importancia.
Quiero reconciliarme contigo,
pedirte perdón por mi olvido.
Quiero que sepas que estoy contigo:
cuidarte, jugar, hablarte
como lo hacíamos antes.

Te abrazaré, te querré y te besaré.

Ven, nunca más te dejaré.

Caminaremos juntas por el sendero de la
vida sabiendo que somos solo UNA.

Sé humilde.

¿Qué es la humildad?, te preguntarás.

Vivimos en una sociedad en la que todo el mundo critica a todo el mundo. El otro día hicimos una quedada de amigos que hacía tiempo no nos veíamos. La reunión marchaba bien, contando anécdotas de nuestra vida, poniéndonos un poco al día, a lo que nos dedicábamos y, en fin un, poco de todo. Pero pasado un tiempo una de las chicas preguntó por una persona que no había venido y la conversación fue tomando otro rumbo que no me estaba gustando. Algo que no se debe de hacer es hablar de una persona y menos negativamente, cuando no está presente. Hablaban de su vida y terminaron diciendo que no era nada humilde. Y yo me pregunto, ¿y ellos saben lo que es humildad?

Humildad, según el Diccionario de la Lengua Española, lo define como 'virtud consistente en conocer nuestra bajeza y miseria y portarse en consecuencia'.

Del mismo modo la humildad es opuesta a la soberbia. Una persona humilde no es pretenciosa, interesada o egoísta como lo es una persona soberbia quien se siente autosuficiente y generalmente hace las cosas por conveniencia.

Es decir, tenemos que ser conscientes de lo que somos, mirar en el presente y no mirar hacia los lados y ver lo que tienen los demás, porque nosotros somos lo que proyectamos nuestra realidad. Si TÚ en tu presente tienes esa miseria es debido a lo que has creado en tu inconsciente y por eso tienes lo que tienes. El universo da lo que te mereces o pides. Cambia tu pensamiento, sé realista y sobre todo sé HUMILDE.

> "Nunca dejes de perder
> Tu forma de ser
> La humildad de tu corazón
> El respeto hacia ti mismo
> Porque TÚ eres infinito".

25.

APRENDE DE TU SOLEDAD

La Soledad se puede interpretar de dos maneras: estar solo o sentirse solo. Estar en soledad no es un problema.

La Soledad es un sentimiento de carencia, de aislamiento y estando en la sociedad en la que estamos, con tanta tecnología, queremos estar conectados porque tenemos la necesidad de comunicarnos y estar presentes. Si no estás en las redes es como si no existieras, pero a la vez nos sentimos muy solos...

Todos en algún momento de nuestras vidas hemos sentido la soledad y es una emoción muy dolorosa y desagradable.

Este sentimiento de aislamiento es precisamente lo que nos puede llevar a un estado depresivo donde demás nos sentimos más culpables de nuestra soledad.

Pero es precisamente ese dolor lo que hará que evoluciones, personalmente y emocionalmente. Comprenderás que todos y de cada uno de nosotros necesitamos estar en compañía.

Por lo tanto, cuidado con lo que sentimos, porque dependiendo de nuestros sentimientos nuestras emociones pueden llevarnos a un estado más de soledad.

El sentimiento de estar solo aumenta de un 26 % a un 30 % de riesgo de muerte.

El Instituto Nacional de Estadísticas (INE) afirma que el drama de soledad en España aumenta hasta cinco millones de personas sin compañía. Un total de 4.732,400 viven solas, un 43,1 % tienen 65 o más años y un 71 % eran mujeres. Esto es una tendencia nacional que va en aumento en los hogares.

La Soledad es un mal contemporáneo mundial que en Reino Unido ahora es un asunto de Estado.

Una vez escuché una anécdota que se me quedó grabada. Era una señora que estaba muy malita en el hospital. Llevaba días allí y no tenía demasiadas visitas. Los hijos iban de muy en tanto en tanto. Los médicos les habían dicho a los familiares que no estaba reaccionando bien a los medicamentos y que no podían hacer nada más allí. Tenían que tomar una decisión, pero tenía que salir del hospital porque podía durar días o meses. No sabían.

Así como los hijos no podían atenderla, decidieron llevarla a un centro para personas mayores donde esperarían a que le llegara su día.

Después de varios días tomando su medicación, la señora empezó a recuperarse, algo que les extrañó a muchas personas incluido sus hijos, llegando al punto de ayudar a las personas del centro en sus tareas.

Lo que le estaba pasando a la señora es que se sentía muy sola y por lo tanto se estaba muriendo de Soledad.

Así, querido lector, algo de lo que tenemos que darnos cuenta es la importancia de estar en comunicación con personas que nos aporten porque todos estamos conectados y es una acción vital.

¿Pero qué es realmente la soledad?

La soledad no tiene nada que ver con estar solo o no tener a ninguna persona cerca.

Una persona puede estar rodeada de gente y sentirse sola. ¿Cuántas personas hay que están en pareja o en familia y se sienten solas? Lo cual es mucho peor ya que no es una soledad física, sino emocional.

Cuando una persona siente ese abandono nace la sensación de que nadie te entiende, de sentirse invisible, que no importas y que nadie comprende lo que pasa en tu interior.

Sin embargo, en vez de conectar parece que estamos empeñados en impresionar y destacar. Pensamos que así vamos a ser más aceptados.

Y en ese intento nos hacemos más pequeños y nos alejamos de los demás.

Y lo que verdaderamente necesitamos son pequeñas acciones para comprender y sentirnos comprendidos.

Aprende a estar contigo misma, disfruta de lo que tienes, entretente y da gracias por lo que tienes.

REFLEXIÓN.

Hoy salí a caminar, a encontrarme con mi Yo, a veces es necesario para aclararse y ver situaciones que están sucediendo. Me vinieron a la mente personas cercanas a mi alrededor, esas que crees que te apoyan, que están ahí para cuando las necesitas, pero cuando tú estás vibrando en otra sintonía, en otros proyectos, y no puedes llevar la vida que anteriormente llevabas, te das cuenta de que no están.

Ni una llamada ni un "¿cómo estás?", y me pregunto: ¿vale la pena? Tú eres la dueña de todos tus pensamientos y acciones, y no significa que no te quieran, simplemente en ese momento no conectamos, y eso se transmite.

¿Por qué te cuento todo esto? Porque igual que yo puedes haberlo sentido tú, pero como la vida es cíclica vendrán personas y al mismo tiempo se irán, aunque lo que no hay que perder nunca es nuestra identidad, nuestra esencia. Debes seguir haciendo lo que TÚ sientes que te hace bien, cuidar tu alimentación, hacer ejercicio, estar en movimiento y decidir TÚ las personas que quieres que estén a tu lado o no.

TÚ tienes el poder de decidir.

Disfrutando de tu soledad

La edad para muchas personas parece algo negativo, un hecho que evitamos a toda costa. A veces estamos rodeados de personas que sabemos que no son beneficiosas para nosotras. Ya desde pequeños nos evitaron estar con nuestra propia compañía, dejando a un lado el mejor regalo que podemos tener y encontrar lo que nosotros siempre andábamos buscando.

Las creencias que siempre nos inculcaron era estar en pareja casarnos y tener hijos. Era la meta de toda mujer y hombre. La mayoría de las personas nos dejamos guiar por ese patrón porque era lo que te haría muy feliz, pero actualmente el ser humano se está cuestionando eso. A pesar de haber conseguido tu objetivo sigues notando en ti ese vacío muy grande y no nos damos cuenta que ese vacío es no estar en soledad con nosotros mismos. Pensamos que estar solos no basta.

Pero cuando la vida te empuja a estar sola te das cuenta de que la felicidad es lo que eres **TÚ**. No necesitas a nadie externo para ser feliz, solo tu propia compañía.

Cuando estas de relación en relación y por fin te das un gran respiro, te pones tú en primer lugar, tienes la oportunidad de ser tu mejor amiga y darte cuenta de que el amor de tu vida siempre fuiste **TÚ**. Puedes ir a cenar contigo, tomar una copa de vino, ir al cine, una rica comida muy especial que prepares para ti… Empiezas a conocer tus gustos, tus aficiones y te haces preguntas como "¿qué quiero en la vida realmente?".

Empiezas a ser un ser independiente, a valerte por ti misma. Durante mucho tiempo pensabas que necesitabas a alguien para tener tu felicidad, pero por fin te diste cuenta que tú puedes tener todo que aquello que desees. Te decían lo que tenías que hacer y seguir un patrón porque tu sola no podías. En realidad eso nunca fue verdad. Puedes ver lo que te hace daño y poder sanarlo. Te cuidas físicamente, haces lo que más te gusta. Eso es verdaderamente lo que es disfrutar de tu soledad. Disfruta de estar contigo, es lo mejor que te puede pasar. Te vuelves una persona despierta. Tal vez dejes de encajar en esta vida tan dependiente, pero tú construiste tu propio escenario lleno de paz. Ahora en tu vida ya no hay reproches de personas externas a ti, disfrutas solamente de la compañía de personas que tú elijes, pero no te aferras a su presencia porque tú ya estás llena de ti.

Tu felicidad solo dependió de ti. Ahora es momento de disfrutar la soledad de un momento que nos conecta con ese amor que siempre tuvimos.

No tienes reglas ni exigencias. Eres libre con tu soledad y dejas de tener que impresionar a los demás con esas máscaras. Sabes lo maravillosa que eres, las virtudes que tienes y te aceptas como eres.

Estar contigo misma es un regalo. Comienzas a despertarte, ahora eres libre y la gente se contagiará con tu felicidad.

Disfruta de tu soledad ya no hay máscaras ni armaduras, suelta lo que no quieres y se feliz, ama estar contigo misma, te conociste por primera vez, a raíz de que iniciaste tu camino a la soledad.

Hay soledad elegida y soledad sobrevenida.

Podemos disfrutar de una soledad elegida, que no significa incomunicación o aislamiento, sino descuido "de nuestro mundo interior y de nuestra libertad".

La medida justa se limita dependiendo de la situación que estemos viviendo.

Hay momentos en los que necesitamos un abrazo o las palabras de otra persona.

En otras ocasiones, sin embargo, el silencio y la soledad son vías para callar tu mente, disfrutar de tu momento gozoso y cubrir la amenaza de cualquier desmoronamiento.

Pero hay otra soledad sobrevenida que, generalmente, es difícil de aceptar. Es la que llega con la pérdida de un ser querido, con su partida al otro plano.

Es el abandono de un proyecto vital para nosotros. Lo característico de esa soledad es la pérdida.

Una parte nuestra estaba muy ligada a la otra persona y se queda muy vacía. En ella se abre un hueco que nada ni nadie puede llenar.

"Recuerda, el objetivo es ser feliz en soledad para poder disfrutar de vivir en compañía".

Hoy estaba muy ilusionada. Venían mis hijos con su padre (mi ex) a celebrar el cumpleaños de mi hija a casa.

Cuando pasas la barrera del dolor, lo sanas, te perdonas y estás bien contigo misma. Eso es estar en soledad para poder disfrutar de estar en compañía.

Cuando **TÚ** has elegido estar en soledad disfrutas muchísimo más de la compañía que tú quieres tener. Eres tú la que eliges, te sientes tranquila, en armonía. Hay buena comunicación y entendimiento, cosa que no pasa cuando estás impulsada a estar con personas que no quieres ni con las que te apetece estar.

"Para amar hay que emprender un trabajo interior que solo la soledad hace posible".

Alejandro Jodorowsky

La confianza en sí mismo es el primer secreto del éxito para "creer en ti".

Es otra manera de decir que tienes confianza en ti, es tener la seguridad de algo y se relaciona muy a menudo con la autoestima. Eso es estar segura de ti misma.

Muchas veces no luchamos por lo que queremos por miedo a fracasar o porque no estamos motivados. La motivación requiere de confianza y de autoestima.

A menudo no es fácil creer en una misma, sobre todo si sientes que no tienes nada que ofrecer.

Pero eres una persona que vales mucho y eres capaz de todo.

Si tienes alguna vez dificultades para notar lo increíble que eres, existen cosas sencillas para empezar a creer en ti.

Puedes evaluar tus logros y fijarte metas, hacer nuevos amigos y buscar oportunidades para poner en practica tus habilidades o cuidar de ti misma para desarrollar confianza.

Cuando ya confías en ti misma es porque tú eres capaz de manejar cualquier situación que se te presente en la vida. Para eso has tenido que prepararte y adquirir los conocimientos necesarios.

Estás lista y preparada porque **crees en ti.**

Las mujeres nos han hecho creer que somos débiles, es totalmente falso. Somos fuertes, y mucho.

Tenemos un arma importante. Somos mucho más abiertas a mostrarnos como somos, vulnerables. Tenemos emociones y ser vulnerable hoy en día es una virtud en liderazgo porque mostramos las emociones y en la compatibilidad con el sexo masculino a la hora de competir.

Algo que en su día quisimos ocultar o no tener hoy es una virtud, porque no somos seres racionales, sino emocionales. Sobre todo, tenemos esa intuición y por ende sabemos cuándo y cómo debemos actuar.

Hay estadísticas que dicen que la mujer es mucho más emprendedora que el hombre, pero también tienen más desesperación y no tienen un plan estratégico para sostener con rentabilidad ese emprendimiento a largo plazo.

Las personas emprendemos no tanto por bienestar, sino por felicidad.

Las mujeres tenemos capacidad para el liderazgo y tener productividad y felicidad, que no son términos que vayan divorciados. Van conjuntamente unidos. Por eso a ti, MUJER, llenarte de una coraza y tener ego te va a llevar a tener una versión distinta a lo que tú eres. La ventaja que tenemos más allá de la lógica es que las mujeres podemos juntar emoción y razón.

Con menos Ego, más Intuición y más Compasión que tenemos en nuestros instintos de protección y generosidad puedes ser la LÍDER de lo que TÚ quieras.

La luna como tu mujer

Dime entonces, para usted
¿de qué está hecha la Luna?

La Luna está hecha de emociones de nostalgia
de risas, llantos y melancolía

Preguntas sin respuestas, de miradas perdidas

De amores recordados y nunca olvidados

De preguntas sin respuestas por la oscuridad de
tu mente

Y respuestas de luz para tu guía

La Luna así como la mujer es tan bella

Que en la oscuridad de la noche bailaría.

G racias

R ecordar

A gradecid@

T iempo

I ntuición

T ú

U nidos

D ios

LA GRATITUD

La gratitud es reconocer las cosas buenas que tienes en tu vida y dar las gracias por tener esa esencia de tu felicidad. La gratitud eleva el verdadero perdón y es la única que puede decir **"Gracias"**. Da sentido al ayer, trae paz al presente y crea visión positiva de futuro. Eso es gratitud.

La gratitud no se queda simplemente en palabras. Hay que vivir en base a ellas todos los días. Todas las cosas que han hecho que avances. Tienes que **"Recordar"** cada una de ellas y mostrar gratitud. Con las prisas de nuestro tiempo apenas nos damos cuenta que recibimos mucho más de lo que damos y en la vida no puedes estar plena sin sentir gratitud.

Ser feliz no significa que quieras más, significa que estás **"Agradecida"** por lo que tienes y por lo que está por venir. Para, mira y observa. A menudo olvidamos lo que tenemos a nuestro alrededor: simplemente caminar por esta tierra, vivir el presente, apreciarlo, sentirte completamente viv@... Eso es gratitud.

Acuérdate de cuando eras niña, lo feliz que eras por tenerlo todo. Esa sencillez de tus cosas, tu mente libre de creencias que vinieron después con el **"Tiempo"**. Nunca hay que olvidar lo bueno que fuiste, eres y serás. Eso es gratitud.

Cuando notabas que tenías esa **"Intuición"** y pudiste un tiempo más tarde poder desarrollar y llegar a ser tu pasión. Eso es gratitud.

Nunca dejes de ser **Tú**. Tu esencia es eso que te hace única, tu personalidad, por lo que te pueden reconocer, por los cambios que has hecho por ser otra persona nueva. Decidiste volver a comenzar una nueva vida dejando atrás tus tormentas, que nunca más vinieron porque encontraste esa luz que te guio hacia tu destino. Eso es gratitud.

Todos y cada uno de nosotros estamos **"Unidas"**. Somos partículas que se componen entre sí, tenemos necesidad como seres humanos de sentirnos acompañados. Solo porque algo no funcionó o no durará no significa que no fuera un regalo. Hay que estar agradecid@ de que nuestros caminos se juntaran y tuviéramos la oportunidad de experimentar de esa unión algo maravilloso. Eso es gratitud.

"Dios", universo, divina obsesión… Como tú lo quieras llamar. Como dice mi mentor **Lain**: sin Él nada sería posible. Nuestro destino lo tenemos escrito y como ya dije anteriormente, mucho antes de nacer. La vida es solo un camino que recorrer, tú decides como quieres hacerlo (en paz, armonía y estando en equilibrio con tu mente). Eso es gratitud.

Llegados a esta altura del libro, espero que estés completamente convencid@ de que la vida es bella sin tener necesidad de pintarla de colores. Mírala con el color de tu sonrisa, tu bella mirada y tu mente coloreada.

Cuando me miro al espejo
Ya no miro la persona que fui
Sonrió por lo que soy ahora
El camino que recorrí y la experiencia
Que adquirí a través de los años
Hoy me considero una persona
Llena de gratitud.

26.

ILUSIONES FALSAS

Habrá momentos en tu vida en los que aparecerán personas que te harán ver lo bonita y maravillosa que eres, y pensarás que todo lo que tienes en tu vida no vale nada, que lo que te está ofreciendo y haciéndote sentir es todo perfecto. Ten cuidado con esto. Primero valora lo que tienes en casa, intenta solucionarlo. Habla con tu pareja, di lo que no te gusta y que él te diga lo que de ti no le gusta. Casi siempre puede haber una solución. No corras riesgos que luego puedas arrepentirte. No seas impulsiva, eso te traerá problemas y dificultades más tarde.

Cuando me consultan y piden consejo de que lo mejor sería una separación, siempre les digo lo mismo. Una separación es muy dura. Implicas a más personas y si hay hijos mucho más. Primero analizaremos y luego actuaremos en consecuencia.

Es importante la comunicación con tu pareja. Eso muchas veces se pierde y así se descuida la pareja.

Te contaré una historia real de una pareja de varios años, casados, con hijos que ya estaban en la edad juvenil. Ninguno de ellos había tenido una relación más formal; eran jóvenes. En principio había mucha ilusión.

¿Enamoramiento? No sé, quizás también, pero te hablaré de la mujer. Ella se dio cuenta pronto de que no era el hombre de su vida, pero eran felices. Tenían su hogar, su casa, trabajo, pero no tenían aficiones. Eran pobres en eso. No les unía nada en ese sentido. Ella una empresaria, el un buen trabajador. Le ayudaba en casa con los niños. No podía quejarse de él.

Llegó la época en la que los niños no los necesitaban tanto y ella le pidió que hicieran cosas en común para estar más tiempo juntos. Por ejemplo, ir a clases de baile, ya que a ella le gustaba mucho bailar. No lo consiguió. Quiso ir a clases de natación, no lo consiguió tampoco. A él le gustaba caminar. Ella había ido con él y no le gustaba, pero fue. Subió montañas con su pareja para estar junto a él, pero ella se dio cuenta de que no era justo. Él no la tenía en cuenta y así empezó la desilusión. Esto no es una cosa que no viene de un día para otro, sino que son pequeños detalles.

Entró en una gran melancolía y desilusión, pensando que se había equivocado y no sabía cómo arreglarlo. Nunca hubo gritos, solo que cada uno iba haciendo una vida sin sentido. Se había perdido el amor hacía mucho tiempo.

Así, llegó un día que apareció un hombre en la vida de ella. Ella se negaba totalmente a conocer a nadie, pero un día que vio que su marido no le hacía caso decidió conocer a la otra persona (toda una tentación). Era todo lo opuesto a su pareja: extrovertido, la mimaba, no la dejaba sola, estaba pendiente de ella, le decía lo hermosa que era (su marido nunca se lo dijo), la valoraba… Ella se sentía bien, la hizo disfrutar y le enseñó cosas en poco tiempo que nunca ella había visto. Viajó, navegó, disfrutó, etc. y, sobre todo, estaba a su lado apoyándola en todo momento. No se sentía sola.

Pero de esto hace años ya y no sabía lo que tú ahora sabes. Es que ella se estaba reflejando en él y atraía toda la carencia que ella tenía.

Pero cuando pasó la ilusión vio el otro lado de la moneda y ya no le gustó tanto. No era lo que ella se imaginó. Sí que ella quería vivir, pero también tener su vida organizada y se dio cuenta que él vivía por encima de sus posibilidades. Eso a ella no le gustó porque no tenía los medios.

Ten cuidado con las ilusiones falsas. Sí que ella no estaba siendo feliz con la vida que llevaba, pero no era la solución lo que la otra persona le estaba mostrando.

Si estás pasando por una situación así, primero de todo para y analiza la situación que estás viviendo. No te precipites, medita, piensa y sobre todo date cuenta de que tú eres una persona muy valiosa.

Así que tomó la decisión y volvió a quedarse sola.

Todo esto que te estoy contando en mi siguiente libro te lo encontrarás mucho más desarrollado. Sabrás detectar a tipos de personalidades. Por sus movimientos corporales sabrás si te están mintiendo para que no te pase como a nuestra amiga.

27.

LA ENVIDIA

¿Realmente sabemos lo que es la envidia? La envidia es querer lo que tienen otros, es un sentimiento de frustración y esa emoción que sentimos nos provoca fastidio porque pensamos "¿por qué yo no tengo lo que ellos tienen?".

La persona envidiosa tiene una falta de autoestima que la convierte en una víctima y prefiere el mal ajeno. Esto le genera dolor, resentimiento y es algo que va quemando y te destruye por dentro.

Un síntoma que notarás si tienes personas a tu alrededor que puedan ser envidiosas es **la crítica** hacia la persona que le gustaría ser.

Intentan rebajarlas, devaluarlas como persona para sentirse mejor o superiores. Pero lo que consiguen es alimentar esa rabia que tienen por dentro y aumentar su orgullo.

Detrás de la envida se esconde un complejo de inferioridad y, por ende, aun se siente más pequeña y víctima de la injusticia.

Por otro lado, tenemos la envidia sana. Esto es algo bien distinto. Es algo que nos gustaría tener que la otra persona ya tiene, pero de esto nos alegramos y admiramos de manera sincera. Nos ayuda a darnos ese impulso de motivación, de pensar que si alguien ya lo ha conseguido tú también lo puedes tener. Aprender de tus errores, con constancia y con esfuerzo. Lo conseguirás.

Alegrarse por las cosas buenas que tienen las demás personas es algo que te hará mucho más feliz a ti.

Cuando piensas en algo malo te sientes mal, pero cuando piensas en algo bueno y haces el bien sientes una gran satisfacción a nivel personal increíble, y todo lo que sucede es bueno.

Y al final todo se devuelve en esta vida. Lo que se siembra se recoge.

Si alguna vez has tenido esta emoción tan destructiva, tienes que preguntarte: ¿por qué te sientes así? Tú lo vales y puedes conseguir todo lo que te propongas. Intenta darle la vuelta a esta **rabia** y convertirla en **coraje y fuerza**. La admiración es **"sana"** y eso te despertará interés en conseguir lo que deseas.

28.

LLEGADA A LA META

Cuando ya estés en el proceso de tu cambio, te notarás una persona totalmente distinta. Tendrás más ilusión, tendrás una vida que recorrer, ahora haciendo tu propósito, lo que tú viniste a hacer a este mundo. Verás personas que se alejarán de tu vida, personas que ni tu misma te imaginabas. No te preocupes. Mira siempre hacia adelante, no te pares a mirar a los lados. Muchas de ellas te criticarán, otras no te hablarán y otras te envidiarán porque ellas no fueron capaces de lo que **tú** has hecho (buscar tu felicidad).

Pasarás por un tiempo de soledad, pero será una soledad elegida que era necesaria para poder volver a reencontrarte con tu propia esencia.

No le cuentes a nadie tus proyectos o tus ilusiones. Demuéstralo con tus resultados y todas aquellas personas que te dejaron de lado vendrán a ti. Pero recuerda, que no se pongan en tu camino y te tapen el paso. Enséñales el camino si quieren seguir a tu lado y si no es así, apártalas hacia un lado para que no te entorpezcan en la puerta de tu destino.

Te cuento todo esto porque a mí me pasó lo mismo. Es mejor que no sepan de ti en un tiempo.

El camino hay que hacerlo solas. Dejé muchas personas atrás cuando pensaba que estarían junto a mí. Te causará dolor, pero pasará y verás plasmada la realidad que el destino tiene para ti.

Te doy las gracias, querida lectora, por haber llegado hasta aquí dejándote guiar, mostrándote el camino el que **yo** recorrí. Pasarás por diferentes etapas que poco a poco y con la fuerza que **TÚ** tienes sé que llegarás a la meta.

29.

AGRADECIDA

Sumamente agradecida por todo lo que estoy viviendo, por encontrar ese equilibrio en mí sin necesidad de estar apegada a ninguna persona. Yo elijo cómo, dónde y con quién quiero estar. **Soy dueña de mi persona**.

Quiero dar las **gracias** a todas las personas que me apoyaron en mi nuevo propósito, a cada uno de ellos que formaron parte en algún momento de mi vida porque fue el impulso que me hizo escribir mi experiencia, pudiendo ayudar a muchas otras personas que pasaron por esa oscuridad y poder guiarlas al camino de su propia vida.

A mis amigas, que ellas saben quiénes son. Me mostraron que en momentos difíciles siempre encontré un aliento de ánimo, aun estando lejos las sentí muy cerca. Sabes que esto va por ti. Gracias, gracias, gracias.

A mis hijos, que son mi razón de vivir. **Gracias por existir**. A mi hermana, por todo lo que has hecho y haces por mí. **Gracias.** Siento si en algún momento no actué como debiera, también te pido **perdón**.

A mi madre, por ser un ejemplo para mí, por tener esa fortaleza que es innata en ti, por todo lo que has luchado y por darme la vida. **Te digo gracias mamá.**

A ti papá, sé que me estarás viendo. Quiero que te sientas orgulloso de mí. Ahora si sabrás lo que hago porque sé que me ves. **Gracias por darme la vida.** Te quiero, te amo y te extraño.

A MI PADRE

¿Dónde está mi padre?
¿Dónde se me ha ido?
Se rompió mi vida cuando lo vi dormido
te siento en mi corazón
y pierdo la razón porque no estás conmigo.
Hace un año te marchaste,
pero hace un segundo me llamaste.
Siento que todavía me proteges
porque eres mi referente
en mí quedo un pedacito de ti
por la vida que me diste
sé que me escuchas y me guías
porque ahora sé que me miras
¿Pero dónde está mi padre?
¿Dónde te has ido?
yo estoy bien, sigue tu camino.

Tomando las riendas de un nuevo despertar.

30.

PARA TI, MUJER

Cada día desde hace años, mi pasión es saber cómo me irá el día. Elijo una carta de tarot, tiene mucho que ver cómo estás vibrando en ese momento, y dependiendo de la carta que salga, es un buen indicador para poder afrontar el día.

Te hablaré de la **Estrella,** la carta que me salió hoy.

La carta representa una mujer completamente desnuda que deja caer el agua de dos ánforas rojas, una hacia el agua y la otra hacia la tierra. Está arrodillada y hay en su gesto una sensación de fluidez y meditación. A sus espaldas hay un pájaro representativo del alma. Está posado en un árbol.

Las estrellas brillan en el cielo.

La estrella es el primer ser desnudo del tarot. Ella no tiene nada que ocultar, solo tiene que encontrar su lugar en la Tierra.

La carta de la estrella anuncia suerte, fluidez. Los acontecimientos van a donde tienen que ir, no hay conflictos.

Es una persona creativa, desinteresada, positiva, buena guía espiritual, alguien que se ha liberado de ataduras. Es belleza tanto física como espiritual, sensual.

La estrella es excelente cuando vienes de un tiempo lleno de obstáculos y con una renovada autoestima. Crees en ti misma y tienes una percepción nueva de ti que antes no conocías. Es generosa y tienes una apertura mental y espiritual increíble.

Todo lo que se consigues es por tu esfuerzo. Ahora se conecta de otra forma con la gente hace que todo fluya y se ponga a tu favor.

Hoy fue la carta más acertada que podía haber salido. Todo va saliendo con fluidez, sin agobios, pero paso a paso se hace el camino. No parar, ese es el truco, y seguir hacia adelante.

En mi próximo libro te hablaré del mundo del tarot y cómo conocer a las personas por su lenguaje corporal. Espero que hayas disfrutado de esta lectura.

Gracias, gracias, gracias.

Ahora solo queda decirte: ¿me puedes hacer un favor?

¿Conoces a alguna persona como tú a quien puede ayudar este libro? Comparte con él, personalmente o en tus redes sociales la parte del libro que más te ha gustado. Puedes hacerle una foto.

Me sentiré eternamente agradecida. Mil gracias por colaborar en mi propósito de crear una comunidad de personas felices y brillantes que rompen sus patrones y se liberan de sus anclajes pasados y vuelan sin miedo hacia su felicidad.

La lectura te ofrece crecer a unos niveles algo sorprendentes. El conocimiento es el poder que nos hace libres y felices.

Lain García Calvo

Te diré que inmersa en la lectura, el libro que me hizo despertar fue sin duda *LA VOZ DE TU ALMA*. Es un libro que está trasformando la vida de millones de personas por todo el mundo y si lo deseas también trasformará la tuya.

Gracias a Lain que me ha ayudado, guiado en todo este proceso, tanto mental como emocionalmente. Hace que todo esto sea una realidad y por tanto tú puedas estar leyendo este libro hoy.

Quiero presentarte el que hoy es mi mentor: LAIN GARCÍA CALVO. Autor de la saga *best seller La Voz de tu Alma* y creador del evento "Vuélvete Imparable".

Quiero darte las gracias por cruzarte en mi camino, mostrarme las herramientas y enseñarme el A B C de todo este proceso. Gracias por creer en mi desde el principio, sin ti esto no hubiera sido posible.

Te estoy eternamente agradecida. Gracias, gracias, gracias. Te deseo toda la suerte del mundo porque te la mereces, por llevarme de la mano hasta el final. Y solo te puedo decir…

CONTINUARÁ.

SÍGUEME EN MIS REDES SOCIALES

 Dolores Marín Gómez

 dolores.marin.gomez

 doloresmaringomez.com

 dolores.marin.gomez@gmail.com

 Dolores Marín Gómez